G. Hofmann-Wellenhof • Bleib kuhl, Papa!

Gottfried Hofmann-Wellenhof

Bleib kuhl, Papa!

55 Abenteuer von einem Familien-Planeten

:STYRIA

www.styriapichler.at

Layout und Umbruch: Helmut Lenhart, 8401 Kalsdorf
Umschlaggestaltung: Bruno Wegscheider
Umschlagbild Vorderseite: Walter Titz
Umschlagbild Rückseite: Bigshot/Jungwirth
Druck und Bindung: Druckerei Theiss GmbH, A-9431 St. Stefan
ISBN: 3-222-13181-3

Inhalt

Vorwort

Noch gibt es Schriftsteller (wie mich mit 7 Geschwistern), die über ihre Herkunft schreiben, Erinnerungen eben, aber einen Autor, der hier und jetzt 9 Kinder hat und aktuell familiäre Erlebnisse sozusagen mitschreibt, gibt es in Österreich nur einen: Gottfried Hofmann-Wellenhof in Graz. So viele Kinder und so viel Humor hat nur er ... Wenn ich als Frühaufsteher am Sonntag morgens die Zeitung hole, dann beginne ich regelmäßig die Lektüre mit seiner Kolumne. Die Artikel über die Politik, auch die Familien- und Schulpolitik können warten.
Man soll immer mit dem Erfreulichen den Tag anfangen und dann erst sich mit dem Unerfreulichen, dem Schülermangel an den Schulen etwa oder den schlechten Aussichten unserer Lehramtskandidaten oder den jährlichen Scheidungsrekorden konfrontieren. Gottfrieds Kolumnen sind köstlich, köstlich auch dort, wo er etwa von den erheblichen Kosten seiner Haushaltsführung allein für die Verköstigung der Seinen schreibt, wenn er einen halben Backofen voll Gebäck in seinen Einkaufskorb legt und den Supermarkt gelegenheitshalber leer kauft und ihn eine Mitkundin vor der Kassa bittet, ihr ein Semmerl abzutreten ... Wie nebenbei erfährt man bei ihm auch eine Menge über die Jugendkultur, vor allem auch die Jugendsprache. So privat seine Erzählungen und Mitteilungen auch sind, so „welthaltig“ und „zeitgemäß“ sind sie zugleich, denn hier wird nicht einfach nur Privates „veröffentlicht“, sondern auch das Öffentliche, die öffentliche und die veröffentlichte Meinung zum Thema. Der Charme dieser Geschichten liegt in ihrer sinnlichen Konkretheit und Lebendigkeit, sie sind, obwohl über einige weltanschauliche Prämissen Klarheit herrscht, unideologisch. Der Deutsch-

und Sportlehrer Hofmann-Wellenhof kennt die Himmelsrichtungen, bekommt aber sicher keinen Krampf im Zeigefinger ... „Familie ist der unverzichtbare Ort für die Menschwerdung des Menschen", um es mit den Worten des Pädagogen Marian Heitger nun doch ein wenig theoretisch „auf den Begriff" zu bringen.

Damit ein solches „Familien-Unternehmen" gelingen kann, bedarf es natürlich einer Familie, die „mitspielt" und vor allem einer unvergleichlichen Frau und Mutter wie Astrid Hofmann-Wellenhof ...

Alois Brandstetter, Klagenfurt

Als ich einmal Rotkäppchen war

Die schönsten Tage meiner Kindheit

Ein halbes Jahrhundert ist eine lange Zeit. Aber manchmal denke ich: Es war gestern. Was gab es seitdem nicht alles! Der erste Mensch flog auf den Mond, die Hippies träumten vom Frieden, und Franz Klammer wurde Olympiasieger. Und Autos mit eingebauten Satellitensystemen wurden erfunden und bunte Swatch-Uhren und geniale Schachcomputer.
Doch die Jahreszeiten und die Schulzeugnisse, die gab es immer schon, und es gibt sie auch heute noch. Und die langen Ferien. Erst wenn das Schuljahr zu Ende ist, beginnt der Sommer so richtig.
Meine Eltern machten mit uns Kindern keine spektakulären Fernreisen: Wir waren nie auf Jamaica, nie auf Bali, nie in Malibu. Jedes Jahr fuhren wir an den Wörthersee, in ein kleines Holzhaus. Es stand nur wenige Meter vom Wasser entfernt.
Für uns Kinder gab es damals nichts Schöneres, als auf den heißen Holzplanken zu liegen und zuzusehen, wie die Wolken zogen und der Wipfel der Trauerweide sich lautlos bewegte. Oder einen Schilfhalm ins Wasser zu tauchen, geduldig und ruhig, bis die Spitze verschwand zwischen den aufgeklappten Muschelschalen, die dann reflexartig zuschnappten. Stolz zogen wir unseren Fang heraus, um ihn gleich darauf wieder zurück in den Schlamm zu werfen. Das Spiel konnte von neuem beginnen.
Oft stand ich auf dem Steg, wenn es dunkel wurde, und sah auf den See hinaus. Auf diesen atemberaubend schönen Spiegel aus Türkisgrün und Schwarzblau. Als ich ein Kind war, erschien mir der See riesengroß und unheimlich und voller Geheimnisse. Gekenterte Piratenschiffe lagen auf seinem Grund, und der tote

Kapitän hatte eine schwarze Augenklappe und Algen im Haar. Manchmal trug der müde Wind das Kommando eines Steuermannes in einem Achter-Ruderboot herüber, manchmal fuhr ein kleiner Dampfer, mit bunten Lichterketten geschmückt, lautlos vorbei. Der Mond lag wie ein silberner Teppich auf dem Wasser, dessen Oberfläche so glatt war, als wäre sie mit dem Lineal gezogen.

Es gab Abende, da schien alles still zu stehen, das Schilf, die Trauerweide, die Seerosen. Plötzlich zogen schwarze Wolken auf, es wurde finster über dem See, bis die ersten Blitze zuckten, die Wolken zerplatzten und schwere Regentropfen auf dem Wasser tanzten. Es war ein prächtiges Schauspiel, dem wir Kinder immer von der Veranda aus beiwohnten. Nur meine Mutter, die sich von klein auf vor Gewittern gefürchtet hatte, stürzte ins Haus.
Wenn es Nacht wurde, schwirrten Glühwürmchen über die kleine Wiese, winzige phosphoreszierende Punkte. Wir liefen ihnen hinterher, versuchten sie einzufangen. Aber kaum berührten wir einen mit der Hand, erlosch das magische Licht und der Zauber war dahin.
Wieso erinnere ich mich an manche Erlebnisse aus meiner frühen Kindheit ganz genau, an Ereignisse, die nicht so weit zurückliegen, jedoch kaum? Vielleicht ist es so, dass wir sie nicht im Kopf speichern. Sie schlummern ganz tief in uns.
Aber wenn die langen Ferien beginnen und wenn es Sommer ist, stehen sie wieder ganz klar vor mir: die schönsten Tage meiner Kindheit.

Als ich einmal Rotkäppchen war

Also, Sie mögen mich für verrückt halten, mieselsüchtig, griesgrämig. Aber es ist nun einmal so: Vor keinem Tag im Jahr fürchte ich mich mehr als vor dem Faschingdienstag. Vor diesem verordneten Spaßhaben. Vor der krampfigen Lustigkeit. Alles lei, lei. Am liebsten würde ich den ganzen Tag über im Bett bleiben.
Letztes Jahr musste ich knapp vor Geschäftsschluss noch etwas besorgen. Die freundliche Verkäuferin in der Feinkostabteilung

hatte eine Clownnase um und einen kleinen, bunten Hut auf, aber sie sah gar nicht lustig aus, sondern sehr müde. Links neben mir schwankte ein Cowboy, mühsam gestützt von einer vielleicht 60jährigen Prinzessin, die stark nach Vogelbeerschnaps roch. Zu meiner Rechten zwei Nonnen, die in Wirklichkeit Bankbeamte sind.

Nur ich war nicht verkleidet. Ich kam mir vor wie vor vielen Jahren, als ich in Kroatien am Strand entlangspazierte und unversehens in einen FKK-Abschnitt geriet: Alle waren nackt und starrten mich an, weil ich eine Badehose anhatte.

Nun wurde ich wieder angestarrt, weil ich aussah wie immer. Nicht einmal eine bunte Krawatte trug ich.

Als kleiner Bub ging ich einmal als Rotkäppchen verkleidet zu

einer Faschingsfeier. Meine Mutter hatte mir das Dirndl meiner älteren Schwester angezogen und eine dicke Strumpfhose, die furchtbar kratzte. Auf dem Kopf trug ich eine rote Mütze, in der Hand einen geflochtenen Korb. Es war zweifellos ein kostengünstiges Kostüm.

Auch wenn meine Mutter heute noch daran festhält, dass ich darin sehr herzig ausgesehen hätte, habe ich seit damals eine rätselhafte Scheu vor jeglicher Maskerade.

Meine Kleinen sind in diesem Punkt ganz anders. Sie bedienen sich nahezu das ganze Jahr über aus der so genannten Verkleidungskiste. Manchmal springen sie mich als wilde Piraten an, um mir einen Säbel in den Rücken zu bohren und Lösegeld zu verlangen. Manchmal führen sie kurze Märchenstücke auf, die meist in wüsten Kampfhandlungen enden.

Als meine jüngste Tochter noch den Kindergarten besuchte, kam sie immer mit wertvollen Anregungen heim. Einmal wurde an einem Projekt „Die Zauberflöte für Kinder" gearbeitet. Tagelang kniete Sophie auf dem Boden, bemalte weiße Leibchen mit Farben. Schminkte sich stündlich ihr Gesicht – die richtige Farbmischung konnte sie aber nicht finden. Nur so viel war sicher: Am Faschingdienstag war sie die Königin der Nacht.

Nun wollte sie auch die restlichen Familienmitglieder in das Projekt einbinden: Jakob (Tamino), Anna (Pamina), Opapa (Sarastro), Donatien (Monostatos), Dominik, Benedikt, Nikolaus (die drei Knaben), Mama (Papagena), Papa (Papageno).

Meine Frau war von der Idee begeistert. Ich hingegen wollte mich nicht als Vogelmensch verkleiden. Nicht einmal Sophie zuliebe.

Ich wollte am Faschingdienstag schlafen. Nur schlafen. 24 Stunden lang.

Das ist alles eine Frage der Sympathie

Um die österreichische Gastronomie ranken sich viele Legenden. Von bodenständiger Küche und bodenständigem Personal. Früher einmal, als es noch keine Hawaisteaks oder Entrecôtes Café de Paris gab, war für den Gast vieles einfacher: Es gab Wirtshäuser mit und ohne Speisekarte. Gaststätten ohne Karte beließen es meist beim typisch österreichischen Standardprogramm: Schnitzel (paniert oder natur), Schweinsbraten, Gulasch bzw. Würstel mit Saft.

In meiner Kindheit gingen wir oft sonntags essen, im Urlaub bisweilen auch unter der Woche. Einmal, es dürfte Ende der 50er-Jahre gewesen sein, kehrten wir in ein Gasthaus in der Südsteiermark ein, das noch keine Gedanken an Auslastung und Gästezahlen verschwenden musste. Meine Eltern und wir fünf Kinder hatten an einem Tisch Platz genommen, doch eine Viertelstunde passierte gar nichts. Plötzlich lautes Poltern, die beleibte Wirtin erschien in der Tür, die Hände über dem Kopf zusammenschlagend: „Naa, jetzt kemmen's unter der Woch'n a scho daher …"

Eine andere Begebenheit, deren Zeuge mein Vater vor vielen Jahren wurde. Die Anwesenden: vier Männer, offensichtlich von einer Bergtour zurückgekehrt, hungrig. Eine Kellnerin, die nach endlosen Debatten schließlich Schinkenfleckerln brachte. Der ländliche Umfang der Portionen schien die Schwierigen nur für kurze Zeit zufrieden zu stellen. Der Stein des Anstoßes: der Schinken. Die Frage nach dessen Herkunft wuchs sich bald zu einem dröhnenden Disput unter der munteren Wandertruppe aus: Geselchtes, Rollschulter oder doch Schinken – man wurde sich nicht einig. Da verlangte ein neuer Gast ebenfalls Schin-

kenfleckerln. „Amol Schinkenfleckerln", rief die Kellnerin die Bestellung laut in die Küche. Worauf es ebenso herzhaft von dort zurücktönte: „Schinkenfleckerln san aus, mia ham kane Braunschweiger mehr!"
Eine nicht unoriginelle Facette österreichischer Gastlichkeit lernte Egon, mein alter Freund, im oberösterreichischen Salzkammergut kennen. Vorauszuschicken ist, dass sich Egon viele

Wochen im Jahr in dieser landschaftlich so reizvollen Region aufhält und ihm der, sagen wir, älplerisch-herbe Charme der Einheimischen durchaus vertraut ist. Nachdem er lange in einem der herrlichen Seen geschwommen war, orderte er in einem gutbürgerlichen Gastronomiebetrieb das Tagesmenü: Schweinsmedaillons in Pfefferrahmsauce mit Gemüseallerlei. Serviert wurde von allem – allerdings in homöopathischen Dosen. Egon zählte: zwei Fleischfetzerln, zwei Kohlsprossen, zwei Broccoliröschen, zwei Pfefferkörner.
Ein Gast am Nebentisch hatte ebenfalls das Menü gewählt, allerdings konnte er nicht alles aufessen, so sehr war der Teller beladen von Medaillons, Reiskugeln und Gemüse. Die Pfefferrahmsauce wurde ihm in einem eigenen Kännchen gebracht.
Als Egon beim Zahlen meinte, nicht unfreundlich, eher belustigt, hier sei wohl mit zweierlei Maß gemessen worden, erwiderte die Serviererin schnippisch: „Na, wissen'S, das is alles eine Frage der Sympathie …"
Wie gesagt, die österreichische Gastronomie ist manchmal voller Rätsel.

Österlicher Bilderbogen

Die Erinnerungen an meine Kindheit werden immer stärker, je mehr Jahre seitdem vergangen sind. Ich weiß schon: Es sind verklärte Erinnerungen. Aber sie machen das Leben reich und den Alltag licht. Das Osterfest meiner Kindheit ist von einem ganz besonderen Zauber umgeben.
Ostern: Das war das Fest der sanften Palmkätzchen, der Fleischweihe direkt vor unserem Garten, vor dem Franzosenkreuz,

der Osterfeuer, die oft noch zu spätabendlicher Stunde glosten und von Hang und Hügel und aus den Tälern grüßten. Mein Elternhaus steht auf dem Rosenberg in Graz, von wo man einen weiten Blick hat über Wiesen und Gärten. Als Kinder machten wir am Ostersamstag immer einen kleinen Rundgang, um die vielen Feuer zu zählen: Oft waren es weit über 50. (Damals war die Grazer Luft noch sauber, und niemand wäre auf die Idee gekommen, den österlichen Brauch als Schadstoffbelastung einzustufen.)

Am nächsten Morgen ging es dann im Sonntagsgewand mit kratziger Hose und steifem Hemd in die Kirche, die erfüllt war von Weihrauch und Silber und dem Rauschen der Orgel, das beinahe unterging im machtvollen Geläut der Glocken. Unvergesslich auch das Bimmeln des Klingelbeutels, in dessen Schlitz wir einen Schilling plumpsen ließen. Manchmal kam es vor, dass das Geldstück nicht sein Ziel fand, auf den Boden fiel und unerreichbar für kleine Kinderhände unter die vordere Sitzbank kollerte.

Mit Ungeduld harrten wir des Endes der Messe: Wenn das Kirchenvolk sich erhob und „Großer Gott, wir loben dich" anstimmte, wurde der Chor manchmal von einer Musikkapelle begleitet. Dann warteten wir gebannt darauf, dass – endlich! – beim Refrain der dritten Strophe das Blech einsetzte, alles überdröhnend. Uns Kinder durchfuhr immer ein leiser Schauer, Höhepunkt und Ende der österlichen Zeremonie waren erreicht.

Schnell liefen wir den schmalen Weg hinauf nach Hause, wo uns das österliche Kinderwunderland erwartete. Nie hatte der Osterhase im Garten etwas eingelegt. Unser altes Haus mit den großen, hohen Zimmern bot bessere Möglichkeiten, die vielen

Köstlichkeiten aus Schokolade, Marzipan und Geleezucker zu verstecken. Überdies hatte jedes Kind sein persönliches Ei – aus Pappmaché, wunderschön bemalt und jedes Jahr neu befüllt. Es gab eine streng hierarchische Ordnung: Die Älteste hatte das größte Ei, der Jüngste das kleinste.
Das Suchen begann, behutsam angeleitet vom Vater, der rätselhafter Weise beste Beziehungen zum Osterhasen haben musste. Die großen Geschwister brachten naturgemäß mehr Hasen und

Lämmer zur Strecke als die kleinen. Alles wurde auf den großen Tisch im Wohnzimmer gelegt und gerecht aufgeteilt.
Dabei stellte sich heraus, dass immer etwas fehlte. Also musste weiter gesucht werden. Manchmal freilich half nicht einmal die elterliche Unterstützung. Der ausständige Marienkäfer blieb unentdeckt und wurde erst, ein wenig mitgenommen, anlässlich der nächstjährigen Ostereiersuche entdeckt.
Österlicher Bilderbogen anno dazumal – immer noch da, und doch namenlos fern.

Papa, warst du eigentlich einmal fesch?

PAPIER, PAPPE, PLASTIK UND EIN STOCKBETT

Nachdem unser drittes Kind auf die Welt gekommen war, hatten Astrid und ich beschlossen, ein Stockbett zu erwerben. Es sah auf der Abbildung im Katalog imposant aus: mit Stiege und Geländer und einem Tau. Das Herzstück aber war eine lange Rutsche.

Eines Tages, früh am Morgen, fuhr ich in ein Möbelhaus, an meiner Seite mein treuer Freund Egon, der mir beim Transport und beim Aufstellen behilflich sein wollte.

Ein Verkäufer notierte beflissen auf einem Zettel eine lange Liste von Zahlenkolonnen, mit der ich zum Auslieferungslager fuhr. Dort legte ein Gabelstapler dutzende größere und kleinere in Pappe und Plastik verschweißte Teile vor meinem Auto ab. Es waren so viele, dass nicht alle im Kofferraum Platz fanden. Ich fuhr also noch einmal zurück, während Egon bereits mit dem Auspacken begann.

Als ich heimkehrte, konnte ich unser Haus nicht mehr betreten. Im Treppenhaus tobten unsere Kleinen. Sie standen auf einem Berg von Pappe, Plastik und Papier und bewarfen einander mit Holzwolle.

Egon kniete auf dem Boden, versunken in das Studium der Bauanleitung. Hastig rissen wir die restlichen Verpackungen auf und förderten weitere Holzteile aus massiver Kiefer zu Tage.

„Passt auf, Buben, jetzt bauen wir alles zusammen, und dann könnt ihr bald lustig rutschen", rief ich und machte mir selber ein wenig Mut. Ich bin nämlich geradezu das Zerrbild eines Hobbybastlers.

Schon nach einer halben Stunde stellte sich heraus, dass die Querverstrebung TX 214 fehlte, dafür aber waren zwei Stiegengeländer zu viel. Ich fuhr also wieder ins Möbelgeschäft und belud den Kofferraum mit weiteren plastikverschweißten Teilen. Zu Hause legte ich sie – darunter ein weiteres Stiegengeländer – auf den Boden, allein der fehlende TX 214 war nicht dabei. Die Kinder freuten sich über die neue Lieferung von Holzwolle, Papier, Plastik und Pappe, aus der sie eine Ritterburg zu bauen

begannen. Ihr Interesse an der Fertigstellung des Stockbettes hatte stark nachgelassen.
Ich fuhr also ein drittes Mal ins Einrichtungscenter und wurde an den Geschäftsführer verwiesen, einen dynamischen, entschlussfreudigen Mann. „Das Ausstellungsstück abbauen und alle Teile mitgeben“, befahl er kurz und verschwand. Ich lud alles in den Kofferraum – bis auf das Stiegengeländer.
Es war schon spät am Abend, als das prächtige Stockbett fertig zusammengebaut war. Die lieben Kleinen hatten das Interesse an ihrer neuen Übernachtungsmöglichkeit gänzlich verloren, aber auch am kreativen Burgenbau, und schliefen im Elternbett. Also testete Freund Egon, der alte Spaßvogel, die Rutsche. Sie funktionierte einwandfrei.
Zuletzt trugen wir alle überflüssigen Teile in den Keller: einen Lattenrost, eine Stiege, eine Rutsche, ein Tau und zwei Stiegengeländer. Man kann ja nie wissen, dachte ich mir.
Doch sie liegen heute noch da. Irgendwann werde ich sie entsorgen. Denn – unter uns gesagt: Wer braucht schon ein Stiegengeländer für ein Stockbett?

Picknick im Kino

Als ich klein war, schaute ich mir alle Filme mit Stan Laurel und Oliver Hardy an. Damals gab es am Bahnhof noch keine Pornostreifen zu sehen, sondern ein Nonstop-Kino. Den ganzen Tag über wurde ein etwa einstündiges Programm gezeigt. Ohne Pause und in endlosen Wiederholungen. Von Stan und Olli konnte ich nicht genug kriegen. Hin und wieder saß ich allein vor der Leinwand.

Wenn ich mit meinen Kindern ins Kino gehe, trifft Klemens Vorbereitungen wie für eine kleine Expedition. Er nimmt seinen Schulrucksack mit, den er zur Gänze entleert hat (was seine Mutter freut). Deckt sich mit Proviant gewaltig ein: Chips, Popcorn, Cola, M&Ms. Die Vorführung hat noch nicht begonnen, da packt er bereits aus. In der einen Hand hält er einen Becher, mit der anderen stopft er Chips in sich hinein. Er ist in guter Gesellschaft.

Eine lustige Picknick-Mentalität macht sich breit: Überall zischen Verschlüsse von Getränkedosen, und auch das Verzehren von Popcorn geht nicht geräuschfrei vor sich. Überraschende Surround-Effekte überlagern leise Dialogstellen. Meine Kinder fühlen sich sehr wohl.

Da betritt eine Frau unsere Reihe, das Billet in ihrer Hand. Sie drängelt in unsere Picknick-Runde. „Entschuldigen Sie, aber Sie sitzen auf meinem Platz!“ Ich mache sie aufmerksam auf viele freie Sessel, aber sie will ausgerechnet den mit der Nummer 19. Wir stehen also auf, brauchen eine Weile, bis alle Essensvorräte eingesammelt sind. Unschöne Verwünschungen und Flüche hinter uns sitzender Kinobesucher sind die Folge.

Kaum haben wir unsere neuen Plätze eingenommen, flüstert mir meine fünfjährige Tochter tonlos ins Ohr: „Papa, ich muss Lulu …"

Der Weg hinaus gestaltet sich nicht unschwierig. Wir müssen zuerst die ausgestreckten Beine eines Besuchers überspringen, der augenscheinlich eine liegende Position bevorzugt. Werden dabei aber von Geräuschen abgelenkt: Ein junges Paar im Clinch küsst sich mit großer Leidenschaft. Sophie sieht interessiert zu. Endlich sind wir draußen.

Ich will nicht mehr hinein. Meine Tochter schon: Schließlich ist der Film erst bei der Hälfte. Also zurück.

Sophie will wissen, was sie versäumt hat. Klemens gibt bereitwillig Auskunft, und weil er den Streifen schon zweimal gesehen hat, kommentiert er fortan das Geschehen: „Jetzt kommt überhaupt die geilste Szene vom ganzen Film. Wirst sehen, gleich fliegt das Auto in die Luft!"

Weil sich Anna nicht alles verraten lassen möchte, kommt es zwischen ihr und ihrem Bruder zu einem verbalen Schlagabtausch. Endlich ist der Film zu Ende.

Zu Hause will Astrid wissen, wie mir die Handlung des Films gefallen habe. „Welcher Film?", frage ich. „Na, ich habe gedacht, du warst im Kino?", sagt sie.

„Ach so, ja", stammle ich verwirrt. Aber an die Handlung kann ich mich beim besten Willen nicht erinnern. Nur so viel weiß ich: In Zukunft bleibe ich mit meinen Kindern zu Hause und leihe uns ein Video aus – mit Stan Laurel und Oliver Hardy.

VERKAUFSGENIES EINST UND JETZT

Es ist schon viele Jahre her, aber wenn ich an ihn denke, beschleicht mich heute noch ein Gefühl der Angst. Er trug einen italienischen Namen, war Leiter eines großen Herrenmodegeschäfts und lauerte immer in unmittelbarer Nähe des Eingangs. Kaum hatte ich das Etablissement betreten, klebte er bereits an meiner Seite. Folgte mir überall hin. War nicht mehr abzuschütteln.

Ich war diesem Hexer, Magier, Zauberer des Verkaufs hoffnungslos ausgeliefert. „Heute ist die neue Ware gekommen", flötete er, „da ist etwas dabei ... Ich habe sofort an Sie denken müssen."

Eigentlich wollte ich nur eine Krawatte kaufen, er aber kam aus dem Lager mit einem extraleichten, doppelreihigen Trenchcoat. Ließ mich nur einmal kurz hineinschlüpfen. „Fabelhaft – wie für Sie gemacht." Meinen Einwand, dass ich bereits einen Staubmantel besäße, überging er lässig: „Ich lasse ihn schon einmal weglegen – was wollten Sie doch gleich ...?"

Als ich, aus purem Überlebenstrieb, das Geschäft nicht mehr betrat, sah er mich einmal daran vorbeigehen. Schon stand er auf dem Gehsteig neben mir, säuselte: „Die neue Frühjahrsmode ist da. Hemden, die müssen Sie sich ansehen!" Er hakte sich bei mir unter und zog mich sanft hinein. (Überflüssig zu erwähnen, dass ich mit einem orangen Hawaihemd, das ich nie anziehen sollte, den Heimweg antrat.)

An dieses Verkaufsgenie musste ich neulich denken, als ich mit Klemens einen Skatershop betrat. Anwesende Personen: drei junge Männer zwischen 17 und 25 Jahren, offensichtlich mit sich selbst beschäftigt.

Der eine zupfte ambitioniert an einer Gitarre, ein Zweiter rappte dazu. Der Dritte lag mehr als er saß auf einer Couch und sah gelangweilt auf einen TV-Schirm, auf dem ein kleiner Bub mit einem Skateboard über Geländer, Stiegen und Mauerkanten schwebte.

Während sich mein Sohn bei den Kappen umsah, knotzte ich mich auf einen Hocker aus violettem Plüsch. Sah den dreien zu. Alle trugen warme Wollmützen. Der Gitarrist hatte eine Hose

an, die praktisch sein Hinterteil zur Gänze freigab, das von lustigen, blau-grün gestreiften Boxershorts bedeckt war. Der Tänzer zerschnitt mit langsamen Handbewegungen, den Daumen und den kleinen Finger abgespreizt, die Luft. Die Augen hielt er geschlossen, die Hüften wackelten sanft, sodass sein Hosenbund gefährlich in Richtung Kniekehlen zu rutschen drohte. Der Fernsehkonsument hielt in der rechten Hand einen gelben Lutscher, den er im Zeitlupentempo zum Mund führte.
Keiner würdigte uns eines Blickes oder richtete das Wort an uns. Klemens wühlte ein bisschen bei den Pullovern, dann kam er zu mir: „Komm, gehen wir, die haben nix."
Ich war enttäuscht. Gerne hätte ich den jungen Herren noch ein wenig zugesehen. Ihnen erzählt, wie gemütlich ich es bei Ihnen fände. Und wie ich mich früher einmal gefürchtet hätte, wenn ich mir nur schnell eine Krawatte kaufen wollte.

Vom Aufheben und Wegwerfen

Meine Frau und ich denken in vielem ähnlich, zum Beispiel in Fragen der Kindererziehung. In anderen wesentlichen Dingen des Lebens sind wir aber grundverschieden. Astrid ist, um ein Beispiel zu nennen, ein Mensch, der gerne Ordnung macht. Wegwerfen, besser gesagt: entsorgen, zählt zu ihren Lieblingsbeschäftigungen. Selbstverständlich weiß sie die Termine der Müllabholung auswendig, hält sogar den für PVC-Müll in Evidenz.
Oft sind es für Astrid harte Tage, bis endlich die munteren Müllmänner kommen. Unmittelbar vor ihrer lauten Ankunft rast sie die Stiegen hinunter, um noch den Inhalt eines Bioabfallkübels in

die Tonne zu pressen. Die wunderbare Leichtigkeit eines leeren und damit wieder befüllbaren Abfalleimers, das fröhliche Aufschwingen des Deckels, der starke Strahl des Gartenschlauchs, der hartnäckige Restbeläge wegspritzt: Das sind Augenblicke der Erleichterung und Befreiung.

Nun entsorgt meine Frau nicht nur Müll sehr gewissenhaft. Auch ausgediente Spielsachen, Kleidungsstücke, kaum gelesene Zeitschriften, schadhafte Sportgeräte, Schuhe, die objektiv als standeswidrig gelten müssen, aber vom jeweiligen Besitzer noch vehement verteidigt werden.

Astrids Verhängnis ist es, dass sie mit ihrer Leidenschaft in unserer Familie allein ist. Es ist ein ungleicher Kampf: eine begeisterte Wegwerferin gegen zehn bekennende Aufheber.

Im Laufe der Jahre hat sich in unserem Haus vieles angesammelt: Comics, Pickerlhefte, Servietten, Biergläser, Muscheln, Sandküberln, Spielzeughandschellen. Ich selbst bin ein hoffnungsloser Aufbewahrer. Auf meinem Schreibtisch türmen sich Bücher, Zeitungen, Manuskripte, Mappen. Aus den Bücherregalen quellen Bücher. Sie liegen auch sonst überall herum.

„Soll ich dir helfen, deine Bücherstellagen aufzuräumen?", fragt Astrid liebevoll, aber auch ein wenig lauernd. Sie zieht ein quer liegendes Buch heraus. „Blösch" von Beat Sterchi. „Hast du das gelesen?" – „Warte einmal, Blösch … Blösch … ich kenne jemanden mit diesem Namen, doch als Buchtitel?" – „Also nein." Meine Frau liest den Klappentext vor: „‚Blösch' ist Beat Sterchis erster Roman. Er handelt vom Leben eines Spaniers, der als Knecht auf einen Bauernhof kommt, von seinem friedlichen Leben mit den Kühen und von den nicht ganz so friedlichen Dorfbewohnern … Interessiert dich das?" – „Eigentlich nicht." – „Dann können wir es doch weggeben. Es ist 1983 erschienen,

steht also mehr als 20 Jahre, stark verstaubend, in deinem Regal. Ich bringe es am nächsten Dienstag zum Flohmarkt in die Pfarre." Ich erbleiche.
„Warum fällt es dir so schwer, dich von Büchern zu trennen?", fragt Astrid. „Weil die meisten mit einer Phase meines Lebens verknüpft sind, mit irgendeinem Gefühl." Meine Frau sieht mich

staunend an. „Und welcher Lebensabschnitt verbindet dich mit Beat Sterchis ‚Blösch'?"
Genaueres kann ich nicht sagen. Nur so viel weiß ich, dass ich in diesem Jahr nicht in Spanien war, sondern in Graz Astrid geheiratet habe.

Assingers Million für eine gute Nacht

Immer wieder regen meine Kinder an, ich solle mich bei der Millionenshow als Kandidat bewerben. Ich halte das für keine gute Idee. Was sollte ich schließlich mit so viel Geld anfangen?
„Wir könnten alle zusammen nach Brasilien fliegen", schlägt mein von notorischem Fernweh geplagter Erstgeborener vor. Nicht nur, dass ich ein heimatverbundener Mensch bin, lässt mich der bloße Gedanke an eine Weltreise zu elft trotz Zuckerhut und Copacabana frösteln.
„Wir könnten uns ein größeres Haus kaufen", regt Benedikt an, „mit einem eigenen Heimkino mit lauter Relax-Fauteuils und einer riesigen Popcorn-Maschine." „Und einem Wintergarten mit Salzwasseraquarium", ergänzt Nikolaus. „Und einer Weide mit einem Babyesel", flötet Sophie.
Ich weiß nicht. Mir gefällt alles ganz gut, wie es jetzt ist. Meines Erachtens ist unser Familienleben auch ohne Haifischbecken turbulent genug. Wenn ich mir wirklich etwas wünschen dürfte, wäre es die Möglichkeit, eine Nacht lang ungestört durchzuschlafen. Nehmen wir die letzte Woche als Beispiel. Am Montag hatte Benedikt, der derzeit seinen Präsenzdienst als Sanitäter leistet, Frühdienst. Das bedeutet, dass er um 4 Uhr aufstehen muss, um pünktlich in der Dienststelle zu sein.

Da meine Frau – nicht ganz unbegründet – Bedenken hegte, dass er das ungewohnt zeitige Schrillen seines Weckers überhören könnte, huschte sie rechtzeitig in sein Zimmer, schaltete das Licht ein und bat ihn sich zu beeilen. Nach Ausbleiben jedweder Aktivitäten im Bubentrakt trat sie nach weiteren zehn Minuten und dann nochmals ihren Weckgang an. Bis Benedikt aus seinem komaartigen Tiefschlaf erwacht war, blieb mir gerade noch Zeit, ihn mit dem Auto in die Kaserne zu führen.
Am Dienstagmorgen kam Jakob um 4 Uhr 15 ganz aufgeregt in unser Schlafzimmer: „Mama, hast du mir das Milchgeld für März eingepackt?" Natürlich hatte Mama, und unser Zweitklässler fand zwischen den Eltern auch rasch wieder in den Schlaf. Meine

Frau und ich philosophierten über seinen Kopf hinweg noch ein wenig darüber, ob ein so stark ausgeprägtes Pflichtbewusstsein in diesem Alter vielleicht Zeichen einer frühkindlichen Persönlichkeitsstörung sein könne.

Am Mittwoch hatte Benedikt wieder Frühdienst. Er wollte diesmal allein aufstehen und losradeln. Das klappte anfangs auch gut, aber um 4 Uhr 25 kam er zu mir und bat mich, ihm mein Fahrradschloss zu leihen.

Am Donnerstag musste Klemens um 5 Uhr 30 geweckt werden – erst spätabends war ihm sein Geschichtetest eingefallen, er wollte vor der Schule noch ein wenig lernen.

Am Freitag legte ich mich mit dem paradiesischen Gefühl ins Bett, am nächsten Tag ausschlafen zu können. Keine Schule, kein Dienst.

Um 7 Uhr läutete das Telefon. Es war meine Tochter Anna, die übers Wochenende bei ihrem Großonkel in Hofgastein eingeladen war. „Was haben wir eigentlich für eine Postleitzahl? Ich möchte euch nämlich eine Ansichtskarte schreiben ..."

Wie gesagt, eine ruhige Nacht könnte mir auch Herrn Assingers Million nicht garantieren ...

Gänseblümchen und Kernseifenflocken

Ein bisschen habe ich vor dem Frühling Angst. Er ist eine ständige Bewährungsprobe für mich. Wenigstens ist es meine – höchst bescheidene – Beobachtungsgabe, die gefordert ist.

Zu Beginn der Osterfeiertage beispielsweise empfing mich meine Frau mit einem stolzen Leuchten in ihren grünen Augen – und brachte in mir sämtliche Alarmglocken zum Schrillen: „Schau dich einmal um: Bemerkst du etwas?“ Meine etwas ratlose Körpersprache richtig interpretierend, versuchte sie mir mit einem weiteren Hinweis auf die Sprünge zu helfen: „Du kannst es sogar riechen!“

Natürlich, fiel es mir wie Schuppen von den Augen: „Die Vorhänge! Schneeweiß, und sie duften wirklich herrlich!“ Ein vernichtender Blick traf mich: „Die Vorhänge habe ich doch letzte Woche schon gemacht! Heute habe ich die Stofflampenschirme abmontiert, gewaschen und im Garten trocknen lassen.“

Als ich unlängst heimkam, fragte mich Astrid kurz und bündig, aber erwartungsvoll: „Na, was sagst du?“ Meine Tochter Antonia versuchte, hinter meiner Frau stehend, mir pantomimisch Hilfe zu leisten, und brachte mich auch halbwegs auf die richtige Fährte: „Unser Forsythienstrauch blüht?“, versuchte ich es zaghaft. „Der blüht schon seit Tagen. Sonst ist dir wirklich nichts aufgefallen?“ Astrid dirigierte mich zum Fenster, sodass ich gewissermaßen aus der Vogelperspektive unser kleines Anwesen überblicken konnte.

Tatsächlich! Entlang des ganzen Weges erstreckte sich eine Reihe gefüllter Gänseblümchen. „Ich habe die Löcher ausgehoben, Jakob abwechselnd rosa und rote Pflanzen gesetzt, und Sophie hat die Regenwürmer gerettet“, erläuterte Astrid gerührt. Immerhin nahm sie den Umstand, dass mich just beim Abstellen meines Fahrrades Benedikt darüber informiert hatte, dass er an unserem Auto einen „net wirklich argen“ Lackschaden verursacht hätte, als ausreichende Entschuldigung für meine Unkonzentriertheit.

Vorgestern war schon aus Astrids Ton herauszuhören, dass es diesmal nicht leicht wäre: „Du wirst nicht draufkommen, aber versuch es trotzdem. Geh nur immer deiner Nase nach.“

ICH HAB'S! DIESES HÜBSCHE BÄUMCHEN IST NEU!
W.T.

Ich schnüffelte beflissen an Vorhängen und Lampenschirmen, schwenkte dann zu den Sitzpölstern auf der Kachelofenbank, was mir gewissermaßen einen Fleißpunkt eintrug: „Du hast ganz Recht, die gehören auch wieder einmal gesäubert."
Überflüssig zu erwähnen, dass ich nicht erriet, dass Astrid unsere Perserteppiche – alte Erbstücke ihrer Großeltern – mit Kernseifenflocken bearbeitet hatte.
Aber ich muss zugeben: Die Farben strahlen jetzt wieder viel intensiver – und wenn man durchs Wohnzimmer kriecht, kann man auch den Frischeduft so richtig genießen.
Irgendwie scheine ich in meiner Unbedarftheit Mitleid zu erwecken. Als ich gestern heimradelte, rief mich mein kleiner Jakob auf meinem Handy an und flüsterte mir in gebotener Kürze verschwörerisch zu: „Neuer Margaritenstrauch neben der Biomülltonne. Mach's gut, Bussi."
Wir müssen halt einfach zusammenhalten, wir Männer.

„Papa, warst du eigentlich einmal fesch?"

Der Zufall wollte es, dass ich neulich allein mit Jakob, meinem jüngsten Sohn, zu Mittag aß. Vaterseelenallein, gewissermaßen. Gespräche mit ihm sind immer sehr aufschlussreich, weil er in kurzer Zeit viele unterschiedliche Themen vorgibt.
Jakob, schon nach wenigen Bissen: „Du, Papa, hast du eigentlich die Mama zuerst geliebt oder sie dich?" – „Die Mama mich." Ungläubig schaut Jakob von seinem Teller auf: „Warst du damals eigentlich fesch?" – „Da musst du die Mama fragen." – Pause. „Was hat dir eigentlich an der Mama gefallen?" – „Das kann ich dir schwer in wenigen Worten sagen." Kurze Pause. „Du, Papa,

wie findest du eigentlich meine Sprungkraft?“ Zur Untermalung steht Jakob auf, postiert sich blitzartig unter der Küchentür und versucht im Sprung die Uhr zu erreichen. (Sprungkraft ist in unserer Familie während der Beachvolleyball-Saison ein viel besprochenes Thema.)

„Wer war eigentlich besser in der Schule, du oder die Mama?“ – „Die Mama …“ – „Is eh normal, dass Mädchen braver lernen als Buben.“ Längere Pause. „Du, Papa, kann man sich eigentlich von der Volksschule abmelden? Mich interessiert sie nämlich nicht mehr.“ – „Nein.“

„Papa, findest du es nicht auch grausam, dass die Erdmänncheneltern in der Dürrezeit in der Wüste ihren Jungen alles wegfressen?“ – „Woher weißt du das?“ – „Im letzten Universum war ein Bericht darüber.“ Pause.

„Papa, freust du dich eigentlich, wenn ich in der Nacht zu euch ins Bett komme?“ Angesichts der sommerlichen Temperaturen eine schwierige Frage. Zum besseren Verständnis unserer Schlafordnung: Rechts liegt meine kleine Tochter Sophie, neben ihr meine Frau, daneben Jakob – der also zwischen meiner Frau und mir liegt, und daneben ich. Ich klebe ganz links an der Bettkante. Manchmal tauschen Sophie und Jakob ihre Plätze. Ich klebe immer ganz links. Das ist mein Stammplatz.

Nun hat Klemens einige Zeit lang einen Kung-Fu-Kurs besucht. Der mit einer ganzen Batterie von Gürteln ausgerüstete Meister attestierte ihm großes Talent, brachte Klemens einige Würfe und Tritte bei, die für die Selbstverteidigung ganz besonders wichtig sein sollen. Klemens gab sein Wissen und seine praktischen Kenntnisse bereitwillig an seinen kleineren Bruder weiter; seither reißen die beiden immer wieder einmal, sich wild im Kreise drehend, das rechte oder linke Bein hoch – so wie in den lustigen Kung-Fu-Filmen.

Jakob übt offensichtlich auch oft im Schlaf, tritt dann gegen meine rechte Körperseite, abwechselnd gegen Schienbein, Hüfte oder Milz. Um ehrlich zu sein: Die Nächte, in denen Jakob sich

in der Nacht an mich kuschelt, sind nicht wirklich erholsam. Aber in ein, zwei Jahren, fürchte ich, wird er nicht mehr in unser Bett einsickern. Und dann werden mir seine gezielten Tritte gegen meine Milz fehlen - und solche Gespräche.
Also sage ich: „Natürlich freue ich mich, wenn du kommst." Und lege ganz fest meine Arme um ihn.

Grauer Panther im Kampf mit Reiki, Yin-Yang und Ayurveda

Man muss es leider sagen: Es scheint, dass ich älter werde. Der sprichwörtliche Zahn der Zeit nagt an mir. Dennoch will ich nicht klagen. Ich habe durchaus noch einige Körperorgane, die ihren Dienst einwandfrei versehen. Andere lassen in ihrer Arbeitsmoral nach.
Jahrzehntelang beispielsweise war ich sehr zufrieden mit meinen Augen. Beim Kauf meiner ersten Sehhilfe fragte mich meine Frau scherzhaft, ob ich mir einen intellektuelleren Anstrich verleihen wolle.
Inzwischen habe ich in nahezu jedem Raum unseres Hauses eine Brille liegen, wie sie in jedem größeren Supermarkt preisgünstig erhältlich ist. Damit ich nicht immer suchen muss.
Die Tatsache, Telefonbuch, Speisekarte oder Zeitung mit freiem Auge nicht mehr entziffern zu können, bietet wenig Anlass zu Freude.
Ein – zumindest temporäres – Nachlassen meines Hörsinnes wäre mir freilich manchmal durchaus recht. Es freut mich sehr, dass einige unserer Kinder ein Instrument erlernen, wirklich! Doch das tägliche Üben verlangt gute Nerven: Schlagzeugge-

trommel im Keller, Klavierklimpern im Parterre, Blockgeflöte im ersten Stock, Gitarrenzupfen auf dem Dachboden – welch verlockende Zukunftsvision, all diese Aktivitäten nur noch gedämpft wahrzunehmen …
Doch die Wehwehchen gehen weiter. Eine eindeutige Problemzone ist meine rechte Hüfte. Natürlich habe ich einige Ärzte konsultiert. Die einen raten zum raschen Einbau eines künstlichen Gelenks, die anderen empfehlen diesen erst als äußerste Möglichkeit in frühestens zehn Jahren. Wenn eine Titanhüfte das

Einzige ist, wofür man noch zu jung ist, ist man wohl endgültig nicht mehr jung …

Zum Glück gibt es auch mitfühlende Freunde, die gute Ratschläge rasch zur Hand haben. Keine Gelatinekapsel, die ich nicht probiert, keine Gymnastik, mit der ich mich nicht abgemüht, keine Magnetresonanzmatratze, die ich mir nicht ins Bett gelegt hätte.

Selbstverständlich habe ich auch Spezialmasseure, Reiki-Lehrerinnen, Ayurveda-Akupresseure und Yin-Yang-Meisterinnen konsultiert.

Als Egon, mein alter Freund, mir einen Wünschelrutengänger an den Hals hetzte, der als einzigen garantiert unschädlichen Schlafplatz unsere Fahrradgarage lokalisierte, schwankte ich kurz, blieb aber dennoch im ehelichen Schlafzimmer.

Letzte Woche fuhr ich abends nach einem Vortrag in einem überfüllten Bus nach Hause. Da bot mir ein hübsches junges Mädchen freundlich seinen Sitzplatz an, offensichtlich motiviert von meinem zwar noch dichten, aber nahezu stündlich grauer werdenden Haupthaar.

Geknickt kam ich daheim an, wo schon meine kleinste Tochter mit der Post auf mich wartete, die sie immer aufmachen darf.

Darunter war eine Geburtsanzeige, die mir ein Bekannter geschickt hatte. Wir witzelten darüber, dass ich schon in einiger Zeit Enkelkinder haben könnte, da meinte Sophie zärtlich: „Siehst, Papa, es ist ja doch gut, dass du schon ganz graue Haare hast. Du schaust sonst so jung aus. Und das Baby könnt' ja gar nicht erkennen, dass du sein Opapa bist."

Nun sprich doch endlich mal ein Machtwort!

Von Ich-Botschaften und Familienkonferenzen

Es gibt hunderte Bücher, die davon erzählen, wie man Kinder richtig erzieht. Darin stehen viele wertvolle Tipps: „Kinder wollen Grenzen" oder „Kinder brauchen klare Regeln" oder „Machen Sie Familienkonferenzen" oder „Senden Sie Ich-Botschaften und sagen Sie Ihren Kindern, wie es Ihnen geht". Wie in einem Garten Pflänzchen bei richtiger Pflege sich zu prächtigen Gewächsen emporranken, genau so würden aus Kindern vernünftige Erwachsene, wenn man nur ein paar Anweisungen befolgt. Das klingt alles sehr vernünftig, in der Praxis funktioniert es irgendwie nicht so gut.

Zumindest ist das Zusammenleben mit unseren Kindern oft anders als in der Idealfamilie der bunten Erziehungsmagazine. Vielleicht sind sie die Ausnahme von der Regel, ich weiß es nicht, aber sie versuchen beispielsweise ständig klare Regeln in ihrem Sinne auszulegen.

Nehmen wir einen einfachen Fall, wie er immer wieder vorkommt: Klemens, unser 14Jähriger, am Morgen. Um 6 Uhr 30 sollte er beim Frühstück sitzen. Ein Platz ist leer. „Klemens!" Die Stimme der Mutter ist laut und eindringlich, aber nicht unfreundlich. Keine Antwort. „Kleeeemens!!" Der Ton der mütterlichen Stimme gewinnt zunehmend an Schärfe. Aus seinem Zimmer dringt ein Knurren. 6 Uhr 45: Klemens kommt in die Küche, lässt sich auf seinen Platz fallen, wortlos.

„Was möchtest du zum Frühstück?" – „Nix." – „Was soll ich dir als Jause richten?" – „Nix." – „Wann kommst du heute Mittag nach Hause?" – „Weiß nicht!" – „Aber du wirst doch wissen, wie viele Stunden du am Montag hast." – „Nein." – „Dann schau auf deinen Stundenplan." Klemens verlässt, laut stamp-

fend, die Küche. „Klemens!" – Keine Antwort. „Kleeemens! Wie viele Stunden hast du?" – Gestammelte Wortfetzen. „Sechs... Computerlab ... für's Referat was machen ... morgen ... muss länger bleiben ..." – „Um 16 Uhr bist du zu Hause. Hast du mich verstanden, Kleeemens?!" Türenknallen, wildes Stampfen: Unser Sohn hat verstanden.

Als seine Mutter beim Weggehen noch einmal in sein Zimmer

schaut, liegt er wieder in seinem Bett, wenigstens bereits angezogen. Sie geht zu ihm, drückt einen Kuss auf seine Stirn und flüstert: „Ich hab dich trotzdem lieb." (Klemens ist perplex; mit dieser Reaktion hat er nicht gerechnet.)

Ein ganz normaler Morgen. Aus der sonnenüberfluteten Idylle der wunderbaren Welt in den Familienzeitschriften ist ein undurchschaubarer, geheimnisvoller Dschungel geworden. Nun kann das Leben in einem Dschungel ausgesprochen reizvoll sein, spannend und voller Abenteuer und Überraschungen. Eines ist es mit Sicherheit nicht: ohne Gefahren. Jeden Tag gilt das Gesetz des Handelns. Deshalb sind lange, mühsame Diskussionen in der Regel wenig zielführend.

„Möchtest du, dass wir dein Problem bezüglich des Aufstehens am Abend in einer Familienkonferenz besprechen?" Eine solche Frage, liebe Erziehungsexperten, bleibt unbeantwortet. Der Blick unseres Sohnes lässt allerdings einige Interpretationsmöglichkeiten zu. Nur so viel steht fest: Zustimmung signalisiert er nicht …

Nun sprich doch endlich mal ein Machtwort!

Neulich waren Bekannte aus Deutschland zu Besuch: Vater Kai-Uwe, Mutter Gesine und Sohn Thorsten (vielleicht sieben Jahre alt). Während wir von früher erzählten, näherte sich Thorsten dem rechten Bein seines Vaters. Zog ein bisschen seine Hose hoch, um dann gegen die bloßgelegte Wade zu treten. Nicht allzu heftig, aber präzise. Auf meinen verwunderten Blick hin fühlte sich Kai-Uwe bemüßigt, das ungewöhnliche Verhalten seines Sohnes zu erklären: „Ich habe mir vorgenommen, niemals Druck auszuüben. Thorsten soll zu einem angstfreien und autonomen Charakter heranwachsen."

Kai-Uwe erzählte, Thorsten trat. „Nun lass mal, Thorsten", sagte Kai-Uwe endlich. Thorsten ließ nicht, er trat. „Willst du nicht ein bisschen was knabbern, Thorsten?" Thorsten wollte nicht knabbern, er wollte treten. „Guck mal, Thorsten, die anderen Kinder spielen im Garten!" Thorsten guckte nicht, er trat. Plötzlich zog er dem Vater die Schuhe aus, warf sie blitzschnell durchs offene Fenster in den Garten. Kai-Uwe lächelte: „So, nun gehst du mal ganz schnell nach unten und holst sie mir wieder rauf."

Überraschend schaltete sich nun Gesine ein, deren Interesse bislang ausschließlich dem Salzgebäck gegolten hatte: „Nun sprich doch endlich mal ein Machtwort, Kai-Uwe." Ja, bitte, sag endlich dem widerlichen Fratzen, dass er gefälligst aufhören soll, sonst …

Machtwort! Ein Ausdruck, der gänzlich aus dem Sprachgebrauch verschwunden ist. In meiner Kindheit sekkierte ich gerne meinen um eineinhalb Jahre jüngeren Bruder, der daraufhin regelmäßig brüllte: „Hör auf! Hör auf!" So lange, bis plötzlich die Tür aufging, mein Vater erschien und ein Machtwort sprach: „Schluss jetzt!" Oder: „Ruhe!" Dann waren wir augenblicklich still.

Kai-Uwe wollte immer noch kein Machtwort sprechen. Deshalb entzog er sich listig den Tritten seines Sohnes, indem er im Zimmer auf- und abzugehen begann. Irgendwie war ihm die Situation doch ein wenig peinlicher, als er es sich anmerken ließ. „Einmal in der Woche", erläuterte er sein pädagogisches Konzept, „gibt es für Thorsten einen Anarchie-Tag. Da darf er machen, was er will. Er kann mit dem Computer spielen bis zum Abwinken oder im Fernsehen gucken, was er mag. Darf im

Bett Schokoladecreme essen und mir schon mal in den Bauch boxen. Dafür muss er sich an den restlichen Tagen der Woche an gewisse Regeln halten."

Ich erzählte meinen Kindern von Thorstens Anarcho-Tag. „Der hat's gut", riefen die Kleinen, „warum führen wir so etwas eigentlich in unserer Familie nicht auch ein?"

Ich überlegte. „Gut, ich mache euch ein Angebot. Ein Anarcho-Tag für euch und ein Machtwort-Tag für mich. Keine langen Auseinandersetzungen, wer den Geschirrspüler ausräumt. Keine mühsamen Debatten, wer den Biomüllkübel hinunterträgt. Kein Herumstreiten, wer als Letzter wieder einmal die Haustür offen gelassen hat. Am Machtwort-Tag geschieht – ohne jedes Hinterfragen – nur das, was die Eltern wollen."
Ein faires Angebot, finde ich. Meine Kinder sind nicht ganz meiner Meinung. Jedenfalls überlegen sie noch.

I SAY IT, YOU DO IT: CAUSE I'M THE MUM !

Selbstverständlich ist es gut, dass es einen „Tag der Kinderrechte" gibt. Kinder sind die Schwächsten in unserer Gesellschaft. Haben keine Stimme, keine Lobby. Werden nicht gefragt, ob es ihnen eigentlich Recht ist, acht Stunden im Kindergarten zu verbringen.
Aber manchmal denke ich: Könnte es nicht auch einen „Tag der Elternrechte" geben? Die lieben Kleinen versuchen, wenn sie größer werden, oft ziemlich rücksichtslos ihre Interessen durchzusetzen. Dabei entwickeln sie ungeahnte Energien. Deshalb mein Vorschlag für eine Elternrechtskonvention – individuell ausbaufähig:
Artikel 1: Eltern haben das Recht auf zwei Quadratmeter Wohnfläche, die ausschließlich ihnen zur Verfügung stehen. CD-Player, Kleidungsstücke, Essensreste u. Ä. haben darin ausnahmslos nichts verloren.
Artikel 2: Eltern haben das Recht, zwei Mal am Tag das Telefon (Festnetz) zu benützen.

Artikel 3: Eltern haben das Recht, ihr an den Nachwuchs verborgtes Auto in fahrtauglichem Zustand wieder zu bekommen (Benzintank!).
Artikel 4: Eltern haben das Recht, einmal täglich Ö 1 zu hören (bei normaler Lautstärke) sowie monatlich eine Fernsehsendung ihrer Wahl zu sehen.
Artikel 5: Eltern haben das Recht auf durchgehenden Schlaf ab Mitternacht; bei Nichteinhaltung wird das Telefonnetz gekappt.
Artikel 6: Eltern haben das Recht auf einen angemessenen Gesprächston. Wenn Kinder die fair ausgehandelten Kommunikationsregeln verletzen, wird der Dialog ohne Angabe von Gründen abgebrochen – auch auf die Gefahr hin, das Kind könnte unter solchen Bedingungen schwer zu einem angstfreien, selbstbewussten Charakter heranwachsen.
Artikel 7: Eltern haben das Recht erwachsen zu werden. Sie müssen nicht ihren Kindern Kumpel, Freund sein. Sie dürfen auch, wenn sie es wollen, so etwas wie eine Autorität darstellen. (Kinder suchen sich möglicherweise lieber andere, echte Kumpel in ihrem Alter.)
Artikel 8: Eltern haben das Recht, Kindern, die mit ihrem Strohhalm so lange ins Colaglas blasen, bis das Tischtuch mit schwarzen Spritzern benetzt ist, diesen – ohne lange Diskussionen – wegzunehmen.
Artikel 9: Eltern dürfen, hin und wieder, von ihrem Machtwort Gebrauch machen: „Weil ich es will!"
Artikel 10: Eltern haben das Recht, Klassiker der Erziehung zu zitieren, ohne rot werden zu müssen: „Mit vollem Mund spricht man nicht!" „Lümmel nicht so!" „Unterbrich mich nicht!" „Räum dein Zimmer auf!" „Putz dir die Zähne!"

Vor wenigen Tagen kamen meine Schwiegereltern von ihrer Weltreise anlässlich ihrer goldenen Hochzeit zurück. Sie brachten u.a. aus Australien ein Schild mit, auf dem steht Folgendes:

Mum's rules:

1. I cook it, you eat it. 2. I buy it, you wear it. 3. I wash it, you put it away. 4. I clean it, you keep it clean. 5. I say bed time, you say good night. 6. I say off the phone, you hang up. 7. I say no, you don't ask why.

Cause I'm the mum.

Ich meine, als Grundlage für eine Elternrechtskonvention sind das brauchbare Ansätze. Jedenfalls hängt jetzt das Schild, für alle gut sichtbar, in unserer Küche.

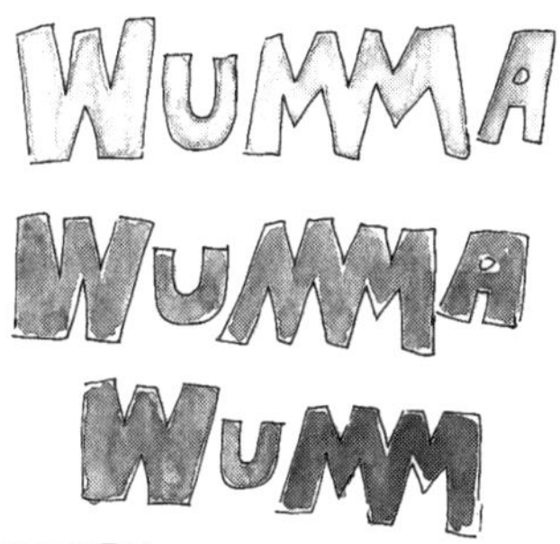

SISYPHOS IST EINE HAUSFRAU

Neulich führte ich mit Egon, meinem alten Freund, eine unserer anregenden Unterhaltungen. „Ich glaube nicht, dass es immer nur so lustig zugeht in deiner Familie, wie du schreibst.“
Lieber Egon, natürlich hast du Recht. Es gibt Stunden und Tage, die sind ziemlich mühsam. Zum Beispiel, wenn das Chaos in den Kinderzimmern unvorstellbare Ausmaße annimmt; wenn

die paar Stufen zur Waschmaschine für unsere großen Söhne, alle durchtrainiert und kräftig, ein schier unüberwindbares Hindernis darstellen, sodass sie die Schmutzwäsche dort nicht ablegen können; wenn die – von Mutterhand – liebevoll und sorgfältig gebügelten Hemden vergeblich darauf warten, in den Kasten gelegt zu werden und schließlich auf der Großbaustelle Kinderzimmer endgelagert werden. Oder wenn nach einem lustigen Spielenachmittag mit den Nachbarskindern Karten, Würfel, Figuren und Bausteine, in zwangloser Anordnung knöcheltief aufgeschichtet, den Aufstieg zum oberen Stockwerk versperren.
Ja, lieber Egon, dann schweifen die Gedanken meiner tapferen Frau bisweilen hin zu Sisyphos. Jenem Helden der griechischen Mythologie, der von den Göttern verdammt wurde, einen Felsbrocken auf den Gipfel eines Berges zu wälzen. Und immer, wenn er sich am Ziel wähnte, rollte dieser hinunter, und Sisyphos musste von neuem beginnen. Der Sisyphos der Gegenwart ist weiblich und Hausfrau.
Vor ein paar Tagen saß ich, Zeitung lesend, in der Küche. Da kam Klemens herein, nahm sich eine Banane, verzehrte sie mit Genuss. Näherte sich dann dem Biomüll-Eimer, wo er eine unangenehme Entdeckung machte: Der Kübel war nicht nur randvoll, er hatte bereits einen mächtigen „Gupf". Die Gefahr, dass er durch das Ablegen der Bananenschale abstürzen und Eier-, Gurken- und Erdäpfelschalen sich auf dem Küchenboden verteilen hätten können, war groß.
Also umkreiste Klemens mehrmals den Mistkübel, den Müllgupf genau taxierend: „Wo und wie kann ich die Bananenschale platzieren, ohne dass es zur Katastrophe kommt?" Schließlich legte er sie, mit spitzen Fingern, ganz sanft zwischen eine schimmlige

Karotte und ein Salatblatt. Verließ, sehr erleichtert und mit kleinen, vorsichtigen Schritten, die Küche.
Warum er nicht den Mistkübel in die Hand genommen und zur an der Hauswand stehenden Biomüll-Tonne getragen hat? Ich kann es nicht sagen. (Einmal hat er mir erklärt, er wolle keinesfalls der Müllabfuhrmann der Familie werden ...)
Ich weiß nur, dass ich an Tagen, an denen die großen Söhne alles liegen und stehen lassen und keinen Gedanken daran verschwenden, wie sie es ihrer Mutter ein wenig leichter machen könnten, Astrid tröste mit den bereits geflügelten Worten: „Schau, sie sind gesund. Sie rauchen nicht, kübeln sich nicht bei jeder Gelegenheit nieder, sie nehmen keine Drogen. Sie leben noch gerne in unserer Familie – ist das nicht viel wichtiger?“
Verlieren wir nicht manchmal den Blick für das Wesentliche? Und ehrlich gesagt, lieber Egon: Ich trage gerne jeden Tag den gegupften Biomüll-Eimer hinunter, wenn alles andere nur so bleibt ...

WER HOLT DIE TASCHENLAMPE ?

Einmal im Jahr kommt jemand, um unsere Wasserverbrauchsanzeige abzulesen. Da wir dieses Mal nicht zu Hause waren, mussten wir es selbst tun.
Nun steht im Keller ein großer Schrank unmittelbar vor dem Zählkasten. Man kann also die Ziffer nur notieren, wenn man den Schrank um etwa 30 cm verrückt. Im Vorjahr, als meine Bandscheiben noch einigermaßen intakt waren, schob ich ihn alleine weg. Diesmal wollte ich nichts riskieren. Deshalb bat ich meine beiden ältesten Söhne.

Ihre erste Reaktion war vorhersehbar: „Wir machen es später ..." Nun fielen mir schnell einige Situationen ein, in denen sie ganz ähnlich argumentiert hatten: „Muss es sofort sein?" Oder: „Wir wollen nur das Fußballmatch zu Ende spielen." Undsoweiterundsofort.

Als sie noch zur Schule gingen, war ihr stärkster Verhinderungsgrund: „Wir müssen lernen!" Rätselhafterweise hatten sie ausgerechnet immer dann und nur dann ganz besonders viel zu tun, wenn es galt, beispielsweise die Wochenendeinkäufe aus dem Auto zu holen.

In einem solchen Fall nahmen selbstverständlich Astrid und ich die Sache in die Hand, da es pädagogisch äußerst unklug gewesen wäre, sie in ihrem Lerneifer zu unterbrechen.

Diesmal gab es keinen zwingenden Grund, es nicht gleich zu tun. Also blieb ich hart: „Nein, sofort!" Ich weiß: Autoritärer Führungsstil, schwarze Pädagogik – alles nicht okay, aber manchmal kann ich nicht anders.

Ich ging in den Kellerraum, um nachzusehen. Der eine arbeitete auf dem Hometreiner ein bisschen an seiner Fitness (wollte er sich für den bevorstehenden Kraftakt aufwärmen?), der andere lag auf dem Boden und blätterte relaxed in einer Illustrierten.

Warum sie nichts taten? Sie konnten sich nicht einigen, wer die Taschenlampe holen sollte. Freilich: In solchen Fragen geht es nicht nur darum, 23 Stiegen zu überwinden, sondern auch ums Prinzip: Wer gibt nach?

Ich zog mich schweigend in mein kleines Arbeitszimmer zurück, lauschte. Irgendwer musste schließlich doch gegangen sein, denn kurz darauf hörte ich ein kurzes, schweres Röcheln – offensichtlich wurde der Kasten verschoben.

Pause. Stille. Dann erste, unschöne Flüche. Schließlich: „Der Zähler ist verschwunden."

Mein ältester Sohn kommt zu mir, triumphierend: „Der Zähler ist nicht mehr da, das ist mir schon einmal passiert." Ich, renitent und nicht bereit, sie bei ihrer Suche zu unterstützen: „Der Zähler existiert!"

Letztlich macht sie Astrid auf einen kreisrunden, aufklappbaren Plastikdeckel aufmerksam. Alles weitere ist kein Problem mehr: Der eine sagt Zahlen an, die der andere niederkritzelt.

Dann gehen sie. Lassen Block, Bleistift und Taschenlampe liegen und den Kasten stehen, wo sie ihn hingeschoben haben. Clever sind sie, das muss man ihnen lassen: Schon in einem Jahr wird ja ohnehin wieder der Wasserverbrauch abgelesen.

Von Niemand und Keiner, von Irgendwer und Einer

Wir leben zu elft in einem Einfamilienhaus, das anfangs eine Wohnfläche von 127 m^2 gehabt hat. Nachdem im Lauf der Jahre der Dachboden, Teile des Kellers und das Gartenhaus ausgebaut worden sind, halten wir bei rund 210 m^2.
Das ist viel, wenn ich daran denke, dass während des Krieges 42 Personen auf unserem Anwesen Platz gefunden haben. Es ist wenig im Vergleich zur Villa meines Freundes Florian, dem zusammen mit seiner Frau und seiner Tochter 500 m^2 zur Verfügung stehen. Wie viele Kinderzimmer hat wohl das Mädchen, frage ich mich.
Von unseren Kindern haben nur die vier Ältesten ein eigenes Zimmer. Glaube ich. Ganz sicher bin ich mir nicht. Möglicherweise teilen sie Bett und Kasten mit Gestalten, die ich zwar noch nie zu Gesicht bekommen habe, deren Namen aber jedem in unserer Familie vertraut sind. Es handelt sich um die Herren Irgendwer, Einer, Man, Keiner und Niemand.
Sie sind, das muss leider gesagt werden, keine angenehmen Hausgenossen. Irgendwann haben sie sich in unser Haus geschlichen, in dem sie sich offenbar sehr wohl fühlen.
Während Keiner und Niemand durchaus Spuren hinterlassen, leben Irgendwer, Man und Einer völlig zurückgezogen und

unsichtbar. Ich sage zum Beispiel: „Irgendwer müsste vor der Garage Schnee schaufeln." Oder: „Einer könnte wieder einmal das Auto waschen." Oder auch: „Man sollte vielleicht den Biomülleimer ausleeren." Aber die drei tun nichts. Sind wie vom Erdboden verschluckt. Lassen sich einfach nicht blicken.

Keiner und Niemand sind anders. Das Tückische an den beiden ist, dass sie immer dann zu ihren boshaften Streifzügen aufbrechen, wenn ich gerade nicht im Zimmer bin.

Ich komme in die Küche, die Tür des Eiskastens steht sperrangelweit offen. Frage meine Kinder, wer sie nicht zugemacht hat: Keiner! Gehe auf den Dachboden, suche nach der Fernbedienung für den Fernseher. Frage meine Kinder, wer sie zuletzt verwendet hat: Niemand!

Wer ist mit schmutzigen Stiefeln durchs frisch geputzte Stiegenhaus gegangen? Keiner! Wer hat vier einzelne Socken in die Schmutzwäsche geworfen? Niemand! Wer ist als Letzter vom Ball heimgekommen und hat das Haustor nicht abgesperrt? Keiner! Wer hat das Mobiltelefon im Keller liegenlassen? Niemand natürlich!

Als Volksschüler erzählten wir uns gerne einen Witz: Ein Mann tritt aus seinem Haus, aus dem zwei Nachbarn namens Keiner und Niemand aus dem Fenster sehen. Einer der beiden spuckt ihm auf seine Glatze. Der Mann meldet den Vorfall auf einer Polizeistation: „Keiner hat mir auf den Kopf gespuckt und Niemand hat's gesehen." Der Beamte, verständnislos: „Warum sind Sie denn da? Dann ist ja alles in bester Ordnung!"

Ich weiß nicht, warum ich in letzter Zeit manchmal ausgerechnet an diesen Witz denken muss. Schließlich hat mir Keiner noch nicht auf den Kopf gespuckt. Und eine Glatze habe ich auch nicht.

Keine Garantie für Dominik

IMMER WIEDER NACH TREGLWANG

Unser ältester Sohn hat eine recht unbeschwerte Art, an Dinge heranzugehen. Herangehen ist eigentlich nicht das richtige Wort. Er lässt sie vielmehr auf sich zukommen. Während sein Großvater auch bei kleinen Ausfahrten nichts dem Zufall überlässt und auf einer Straßenkarte markiert, wo er tanken wird, vertraut Dominik seinem Instinkt. Planung ist seine Sache nicht.

An den ersten beiden Tagen des neuen Jahres nahm er an einem Fußballturnier in Murau teil, jausnete danach noch gut und ausgiebig, ehe er sich, zusammen mit seinem Freund Stefan aus Maria Saal, mit einem uralten Kleinwagen auf den Weg zu unserer gemieteten Selbstversorgerhütte machte.

Er wusste nur den Namen des Zielortes (Tauplitz) und die Himmelsrichtung, die allerdings nur vage (Norden?). Über die Landesstraße erreichten die beiden zügig Trieben. Kurze Beratung, dann ein Anruf zu unserer Hütte: „Mama, wir sind irgendwo. Wie soll ich weiterfahren?" Meine Frau riet ihm, die Autobahn Richtung Salzburg zu nehmen. Immerhin drängte die Zeit.
Die Stimmung war bestens, das Verkehrsaufkommen mäßig. Man kam gut voran – allerdings in die falsche Richtung (Graz). Dominik fuhr (richtigerweise) bei der ersten sich bietenden Gelegenheit ab und erreichte den Ortskern von Treglwang, einer idyllischen kleinen Gemeinde, in der er noch nie gewesen war.
Ein älterer Einheimischer, den unser Sohn nach dem rechten Weg befragte, sagte lapidar: „Du muasst zruck." Dominik fuhr also auf der Landesstraße nach Trieben, von dort auf die Autobahn auf – und ein weiteres Mal in die verkehrte Richtung (Graz). Bog nach Treglwang ab, vorbei am älteren Einheimischen, der ihm freundlich zuwinkte, aber zugleich auch ein wenig verdutzt.
Die beiden Studenten nahmen also innerhalb von 20 Minuten ein viertes Mal das Teilstück Treglwang – Trieben in Angriff. Wild entschlossen, diesmal richtig auf die Autobahn aufzufahren. Irgendwie schafften sie es.
Als Dominik im Ort Tauplitz das Auto im Halteverbot einparkte, war es 15.55 Uhr. Exakt fünf Minuten blieben ihm, um sich Snowboard und Boots auszuborgen.
Er stürzte ins Sportgeschäft, klemmte sich Schuhe und Sportgerät unter den Arm, sprintete zur Talstation. Alles vergeblich – die Uhr zeigte 16 Uhr 15, der Sessellift stand still.
Nun begann unser Sohn wortreich, aber bargeldlos und frierend (schließlich stand er in Jeans und Halbschuhen im Schnee)

einem staunenden Angestellten der Liftgesellschaft seine prekäre Situation zu schildern.

Um es kurz zu machen: Der gute Mann ließ die beiden hinauf. Eine Schrecksekunde noch bei der Mittelstation, wo nur der beherzte Zuruf des Liftwarts sie daran hinderte, wieder ins Tal zu gondeln. Irgendwie hatten sie die Ausstiegsstelle übersehen.

Ein läppischer Fehler, der ihnen bei der Bergstation nicht noch einmal passieren konnte. Schließlich wurde unmittelbar nach ihrer Ankunft der Lift abgeschaltet.

Da stand also Dominik im eisigen Wind. Bei der Anprobe der ausgeborgten Boots musste er leider eine unangenehme Entdeckung machen: Sie waren ihm um mindestens eine Nummer zu klein, dafür war die Bindung zu groß. Es blieb ihm also nichts anderes übrig, als auf dem Snowboard sitzend wie auf einer Rodel zum nächsten Beherbergungsbetrieb zu rutschen, dem Haus der Naturfreunde.

Der Wirt betrachtete das seltsame Paar nicht ohne ein gewisses Interesse: „Wo g'höats denn ihr hin?" Dominik gab nichts ahnend zur Antwort: „Auf die Marburgerhütte." Die Miene des kräftigen, vierschrötigen Mannes verfinsterte sich: „Is doat net da Wöllnhof mit seine vüln Kinda?" Ja, sagte unser Ältester, und er sei eines von ihnen.

Nun wollte es der Zufall, dass Dominik in seiner misslichen Lage akkurat auf jenen Mann traf, dem wir, es ist zwei Jahre her, unsere abenteuerlichste Ratrakfahrt zu verdanken haben. Damals waren auf dem Beifahrersitz die vier Jüngsten gesessen, mehr aufeinander gestapelt als nebeneinander geschlichtet. Meine Schwägerin und meine Frau hatten die Position von Schifliegern knapp vor dem Absprung eingenommen, die eine den Medi-

kamentenkoffer an sich pressend, die andere zwei Töpfe mit vorgekochtem Sugo.
Der Besitzer des Raupenungetüms hatte eine Fahrt unter solchen Bedingungen offensichtlich noch nie durchgeführt. Immer wieder hatte er seinem Ärger Luft gemacht: „Des Ganze is a Wahnsinn!"
Er hatte zweifellos nicht Unrecht. Er war unter großem Zeitdruck gestanden, deshalb hatte er das Abladen des Gepäcks auf das Wesentliche reduziert und die sperrige Fracht mit älplerisch-

kräftigem Tritt aus seinem Gefährt bugsiert, Schlafsäcke und Kuscheltiere in hohem Bogen in den Tiefschnee geschleudert. Heute, aus der Distanz der Zeit, kann ich mich durchaus in die Situation des Mannes hineinfühlen.

Dominik stand also im Gastraum vor ihm, tiefe Nacht ringsum, die Hütte weit, weit weg und nicht einmal eine vage Ahnung, wie sie zu erreichen sei.

Da zeigte sich, dass der Unwirsche von damals ein weites Herz hat. Mit einem Schi-Doo brachte er die beiden zu unserer Hütte. Wortlos, selbstlos, kostenlos. Danke!

Es war spät geworden, als unvermutet die Tür aufging und Dominik uns begrüßte. Ganz gelöst und gut gelaunt. In der einen Hand das Board, in der anderen die Gitarre, daneben sein sympathischer Freund.

Unser Sohn war tatsächlich am Ziel seiner kleinen, aber abenteuerlichen Reise Murau – Tauplitz (mit kurzen Abstechern nach Treglwang). Und im Sommer fährt er für ein Jahr nach Amerika.

Was ich mit Hermann Maier gemeinsam habe

Wissen Sie, was ich mit Hermann Maier gemeinsam habe? Das Problem mit den Schischuhen. Ehrlich! Ich verstehe ihn, leide mit ihm. Als kleiner Bub wollte ich einmal Schirennläufer werden, wie Pepi Stiegler oder Egon Zimmermann (kennt die noch jemand?) durch die Tore flitzen. Warum es nicht dazu kam, lag weniger an dem Umstand, dass ich im Flachen zur Welt kam. Es lag daran, dass ich nie Schischuhe hatte, wirklich nie, die mir passten.

Tage, Wochen, Monate meines Lebens brachte ich damit zu, an einem optimalen Fersensitz zu basteln. Stopfte Schaumgummi unter die Lasche, klebte Hartgummiteile auf den Innenschuh, tauschte Schnallen aus. Es half alles nichts. Mir fehlte über die Jahre meiner (sehr bescheidenen) Rennsportkarriere stets das volle Vertrauen in meine Schischuhe.
Ein Charakteristikum meiner Schischuhe ist bis heute unverän-

dert geblieben: Sie sind mir immer um eine Nummer zu klein. Meistens zwängte ich meine Füße mit zusammengebissenen Zähnen in bocksteife Plastikschalen, opferte ein halbes Dutzend Zehennägel – und das alles nur für einen optimalen Fersensitz.

Einmal hatte ich Schuhe gekauft, ich weiß, es war idiotisch, in die kam ich erst hinein, nachdem ich zehn Minuten meinen nackten Fuß in den Schnee gehalten hatte.

Auf dem Höhepunkt meiner Schuhkrise, die eindeutig pathologische Züge anzunehmen begann, stand ich vor der Frage: weitere Schirennen – oder keine Zehen mehr. Ich entschied mich für meine Zehen.

Nun bin ich, müssen Sie wissen, ein Anhänger der so genannten Gen-Theorie. Die besagt, dass Kinder viele Wesenszüge bereits in die Wiege gelegt bekommen. Ein Beispiel? Dominik lieh sich für die Ferienwoche auf der Tauplitzalm Schischuhe aus. Das Personal, äußerst zuvorkommend, fachkundig und geduldig (mein Sohn zog viele Schuhe an und aus!), riet zu einem Paar Größe 45. Aber nach wenigen Schwüngen schon stand für den angehenden Turnlehrer fest: viel zu groß!

Also kurvte er ins Tal, tauschte – freundlich begrüßt – die 45er gegen 44er. Fuhr einen Tag mit dem neuen Material, um schließlich festzustellen: Diese waren eindeutig zu klein. Ein zweites Mal schoss er ins Tal (diesmal mit zusammengebissenen Zähnen). Im Schistadl klopfte man ihm wie einem alten Bekannten auf die Schulter und händigte ihm ein Paar der Größe 44,5 aus, wortlos.

Einen Tag lang schien es, als hätte Dominik den idealen Schuh gefunden. Auf den eisigen Pisten allerdings glaubte er irgendwie nicht den optimalen Fersensitz zu spüren. Bald stand er wieder

im Sportgeschäft, umringt von einer Schar ehrlich interessierter Schuhexperten: „Und, wie waren die?“ Mein Sohn wollte niemanden kränken, sagte sinngemäß, eigentlich seien sie okay gewesen, aber ideal wäre eine Größe zwischen 44 und 44,5.
Da musste die freundliche Betreuercrew erstmals passen – und Dominik ohne Schischuhe den Berg hinauffahren. Er tat dies leichten Herzens. Schließlich hatte er auch sein Snowboard mit – und einen Vater, der für seine Schuhprobleme aufrichtiges Verständnis zeigte.

Es hing ein Zelt am Maschendrahtzaun

Im Grunde ist es schwer, etwas gegen den Besitz eines Mobiltelefons einzuwenden. Wenn die Kinder aus dem Haus gehen, fühlen sich die Eltern einfach besser. Schließlich kann man im Idealfall jederzeit Kontakt aufnehmen.
Bei uns hat die Sache nur einen Haken: Die Handys der Söhne sind immer abgeschaltet. Oder defekt. Oder haben kein Guthaben. Oder der Akku ist leer. Oder sind verborgt. Oder verlegt, was soviel heißt wie verloren. Kurzum: Die Knaben sind nicht erreichbar, worüber Astrid unglücklich ist. Sie ist immer besonders in Sorge, wenn sie mit dem Auto unterwegs sind, und erst dann erleichtert, wenn ihr Handy läutet oder ein SMS meldet: „Bin gut angekommen.“
Einmal machte sich Dominik, unser Ältester, auf nach Wiener Neustadt zum Aerodrom, einem Rock-Festival. Mit ihm sein Freund Stefan und weitere 80000 Fans. Lange mussten die beiden Studenten in der riesigen Zeltstadt umherirren, schließlich luden sie ihr Gepäck zwischen zwei Mülltonnen ab.

Beim Ausrollen der Planen gab es für sie eine kurze Schrecksekunde: Sämtliche für einen regulären Zeltaufbau nötigen Heringe hatte Dominik in der elterlichen Garage vergessen. Ein Missgeschick, das ihn aber nicht aus der Ruhe zu bringen vermochte. Er legte sich auf die Plane, dachte nach und schaute dabei den Wolken zu, die sich drohend zusammenballten, bis ihm der rettende Einfall kam: Der Zaun am äußersten Ende des Festivalgeländes.

Unmittelbar neben den Geleisen der Südbahnstrecke begannen die beiden, hochmotiviert, mit dem Aufstellen, wobei sie das Innenzelt mit Blick zum Maschendraht an diesem einhängten, sodass sie nur robbend ins Innere gelangen konnten. Auch war es nicht möglich, die Innenwände zu spannen (keine Heringe!), sodass das zeltähnliche Gebilde schlaff vom Zaun hing. Die provisorische Befestigung der blauen Überplane trug eher zu einer Verschlechterung der Optik bei.

Dominiks genial-alternative Konstruktion lockte viele Schaulustige an, die teils ungläubig, teils bewundernd den Kopf schüttelten: „Da drin könnt ihr schlafen?“

Um ehrlich zu sein: Sie konnten nicht. Denn die Nacht wurde feucht. Der starke Wind hatte die Überplane mit sich gerissen und bot keinerlei Schutz gegen den bald einsetzenden Regen. Waren es das nasse Zelt, die halbstündig unter lautem Hupen passierenden Zugsgarnituren oder auch der Umstand, dass viele männliche Musikfans ihr Wasser direkt neben dem Schlafplatz der beiden Freunde abschlugen – einerlei: Dominik konnte in dieser Nacht kein Auge zutun.

Da erinnerte er sich, lange nach Mitternacht, seiner Mutter und setzte folgendes SMS ab: „Alles in Ordnung. Bussi, D.“

Es war der letzte Dienst, den ihm sein Handy erwies. Seither liegt es zwischen hohen Gräsern, unmittelbar neben den Geleisen der Südbahnstrecke.

Übrigens: Es war Dominiks sechstes Mobiltelefon, das ihm aus unerfindlichen Gründen abhanden kam. Was schade ist. Wir hätten zu gerne die Fotos gesehen, die er damit von seinem „Zelt“ geschossen hat.

Ein Sohn geht nach Amerika

Kürzlich flog unser ältester Sohn nach Amerika. Nach Conway, das ist eine kleine Stadt (so groß wie Leoben oder St.Veit an der Glan vielleicht) in der Mitte von Arkansas. Er will dort studieren und ein Jahr lang bleiben. Ein Jahr – ist das nicht schrecklich lange?
Die letzten Tage verbrachte er vor allem damit, zu packen und sein Zimmer aufzuräumen. Er machte das gewissermaßen in einem Arbeitsgang. Das Chaos hatte unfassbare Ausmaße angenommen, vieles längst verloren Geglaubte tauchte nun wieder auf, z.B. drei intakte Armbanduhren. Nur sein Führerschein nicht und unser Reserve-Autoschlüssel.
Das meiste tat er in einen Trekking-Rucksack. Der hat ein Fassungsvermögen von 95 Litern. Sophie stellte sich zum Spaß hinein und schaute nicht mehr heraus. So groß ist der.
Zu diesem Rucksack kamen noch seine Gitarre und vier mächtige Taschen. In die eine packte er nur Schuhe, allein vier paar Fußballschuhe: solche mit Metallstollen, solche mit Noppen, solche für den Kunstrasen. Schließlich wird er für das „Hendrix College Men's Soccer Team" spielen. Auch seine Inlineskates nahm er mit und seine Ballschuhe (??).
Die anderen Taschen füllte er mit Klamotten, indem er alle Laden seines Kastens leerte. Er hat sämtliche Pullover, Hemden, T-Shirts und Jeans mit, die er besitzt. Warum? Er sorgt sich, glaube ich, ein bisschen darum, wie sie zu waschen sind, und will daher möglichst lange frische Wäsche auf Vorrat haben.
„Weißt du eigentlich, wie viel Gepäck du mitnehmen darfst?", fragte ich – wie immer misstrauisch. „Nein, aber das geht sich sicher aus", antwortete er – wie immer zuversichtlich.

Auf dem Flughafen standen wir als Letzte in einer langen Reihe. Niemand hatte so viele Taschen mit wie er. Und auch keinen so großen Rucksack. Der musste als Sperrgut aufgegeben werden. Der Flughafenbedienstete stemmte ihn vernehmlich fluchend in die Höhe – und ich bezahlte 124 Euro.

Nach dem Einchecken blieben gerade noch zehn Minuten zum Abschied. Ich war froh darüber, dass pro Familienmitglied nur eine Minute zur Verfügung stand. Von den kleinen Schwestern bekam er einen Plüschbären mit der Aufschrift „Miss you“. Wir alle weinten.

Als er bei der Kontrolle schon durch war, drehte er sich noch einmal um und winkte. „Beeil dich, du hast nur noch fünf Minuten bis zum Abflug", rief ich ihm nach. „Und pass auf dein Ticket auf!" Ich hätte es, das halb aus seiner Hosentasche herausschaute, ihm gerne besser hineingesteckt. (Ich weiß schon, man muss loslassen können!)

Wir liefen auf die fünfte Etage der Parkgarage, um dem Flugzeug noch nachwinken zu können. Es hoben Flieger im Zehn-Minuten-Takt ab. Nur seinen sahen wir nicht.

Auf der Heimfahrt, nach einigen Stunden, meldete sich Dominik am Handy: „Bin noch immer in Wien – irgendein Defekt an der Elektrik." Es rauschte, die Verbindung war unterbrochen.

Wir versuchten zurückzutelefonieren, wir ließen ihn am Flughafen ausrufen – alles vergeblich. In diesem Augenblick wurde es mir erstmals bewusst: Wir konnten ihm nicht mehr helfen. Das Abenteuer Amerika hatte begonnen.

Die Maschine, die um 12 Uhr 30 planmäßig in Paris abhob, hatte er verpasst. Wie kam er nach Atlanta? Und würde er seinen übergroßen Rucksack jemals wieder sehen?

Nahezu stündlich klebte Astrid am Computer in der Hoffnung, eine Nachricht von Dominik zu erhalten. Nichts. Und schon zwei Tage waren seit seinem „Abflug" vergangen!

Wir versuchten die Zeitverschiebung einzurechnen, brachten alles durcheinander. Zusätzlich verunsichert durch den Umstand, dass meine Schwiegereltern, die im September nach Australien fliegen und auf ihrem Weg ihren ältesten Enkel besuchen werden, kürzlich erklärten, dass sie auf Grund der Überschreitung der Datumsgrenze den 1. November zwei Mal erleben würden. Am Ende wussten wir nicht, ob nun bei Dominik oder bei uns Nacht ist. Warteten. Litten.

Zur Beruhigung erzählte ich Astrid von meinem Bekannten, dessen Sohn (der damals im gleichen Alter war wie Dominik) eines Morgens vor ihm stand und erklärte, er wolle ein bisschen mit seinem Motorrad wegfahren. Sechs Wochen später rief er das erste Mal an: „Befinde mich in Casablanca, habe vor, die Sahara zu durchqueren." Wenn er sich längere Zeit nicht melde, sagte er noch, mögen sich seine Eltern keine Sorgen machen. Nach weiteren drei Monaten (!) kam der nächste Anruf: „Bin in Klagenfurt und in zwei Stunden zu Hause. Habe riesigen Hunger!"
Auch diese (wahre) Geschichte vermochte die Stimmung meiner Frau nicht entscheidend zu verbessern. Immer wieder stürzte sie zum Telefon oder saß vor dem Bildschirm. Endlich, drei lange Tage voll Bangen und Sorgen waren vergangen, ein e-mail: „Bin gut angekommen. Alles in Ordnung. Ausführlicher Bericht folgt bald. Bussi, Dominik"
Meine Frau und ich fielen einander in die Arme, glücklich und ermattet.
Das war vor zehn Tagen. Seither warten wir auf den „ausführlichen Bericht". Sehnsüchtig und ein bisschen besorgt.
Ich schätze, wir haben ein verdammt hartes Jahr vor uns.

Keine Garantie für Dominik

Können Sie sich noch an Uri Geller erinnern? Jenen Schweizer, der via Television Löffel und Gabeln verbiegen konnte? Alles Schwachsinn, dachte ich damals, Humbug. Seit ich einen Sohn namens Dominik habe, bin ich mir nicht mehr so sicher. So wie in Günther Grass' „Blechtrommel" Oskar Mazerath Glas zum Bersten bringt, indem er singt, vermag unser Sohn – oft nur durch leichtes Antippen, oft nur durch intensives Anschauen – technische Geräte außer Kraft zu setzen.

Alles fing damit an, dass Dominik, es ist schon eine Zeitlang her, sein erstes Handy bekam. Fabriksneu, originalverpackt und mit 2-Jahres-Garantie. Flink hatte er es aus seiner Plastikhülle befreit, lud vorschriftsmäßig den Akku auf, gab einige Zahlen ein, hielt es an sein Ohr. Doch das Handy schwieg, gab keinen

Ton von sich. Dominik schüttelte es, schrie mit ihm, flüsterte – es blieb totenstill.

Beim Radiowecker, den er ein Jahr darauf zum Geburtstag bekam, genügte ein Blick: Sofort blieben die Zeiger stehen. Den Videorecorder setzte er außer Betrieb, indem er die Reset-Taste drückte („Ich schwör's, ich hab sonst nichts getan"), den MP 3-Player versenkte er versehentlich mit seiner Hose in einer Waschmaschine.

Legendär sind seine Gefechte mit dem Computer, den er regelrecht zu verhexen scheint. Wenn er mit der Kampfparole „Ich geh nur schnell meine e-mails checken" auf den Dachboden stürmt, heißt das: Absturz sämtlicher Daten, Durchbrechen der fire-wall, Zusammenbruch aller Systeme.

Anfangs dachte ich, Dominiks Fähigkeit beschränke sich lediglich auf kleinere Geräte. Aber seit er innerhalb eines Tages zwei Autos des Pizza-Dienstes manövrierunfähig am Straßenrand parkte, bin ich mir nicht mehr so sicher.

Zum Beispiel letzten Sommer, Flughafen Wien-Schwechat. Alle Passagiere hatten bereits ihre Plätze für den Flug nach Atlanta eingenommen. Da bestieg unser Sohn die Maschine. Plötzlich irgendein Defekt in der Elektrik, fieberhaftes, langes Suchen – alles vergeblich. Der Flieger war nicht flott zu kriegen.

Nun werden Sie meinen, das kann schon einmal passieren, ich tue meinem Sohn Unrecht. Aber wie erklären Sie sich das? Rückflug von Cincinnati nach Wien zwei Tage vor Weihnachten: Mein Sohn erreicht nach abenteuerlicher Fahrt in wildem Schneetreiben das Flughafengebäude, kann als Letzter gerade noch einchecken, wird allein mit dem Safety-car zur Maschine gefahren, besteigt diese – und ein Triebwerk setzt aus. Stundenlange Reparaturmaßnahmen im unvermittelt stark anhaltenden

Schneetreiben, Unruhe unter den Passagieren (inzwischen war auch der Gesamtvorrat an Enteisungsspray aufgebraucht): Der Fehler konnte nicht behoben werden. Also alles aussteigen, warten auf eine neue Transfermöglichkeit.

Um ehrlich zu sein: Dass er Flugzeuge außer Kraft setzen kann, glaub ich eigentlich auch nicht. Aber einen Fotoapparat problemlos. Jedenfalls kann er mit seiner neuen Kamera, die er nur einmal kurz zur Hand genommen hat, keine Bilder mehr machen.

Das Internet als virtuelle Nabelschnur

Seit drei Wochen ist er nun wieder da, unser Erstgeborener. Er kommt mir fast noch größer vor als vor seinem Studienjahr in den USA. Jedenfalls aber sind seine blonden Haare jetzt lang genug, um zu einem tadellosen Pferdeschwanz zusammengefasst werden zu können. (By the way: In der Beurteilung von Dominiks Frisur sind sich meine Frau und ich ausnahmsweise uneinig, wobei ich traditionelle Kurzhaarschnitte präferiere.)

Auch im Breitenwachstum hat unser Ältester kräftig zugelegt. Dass er als äußerst sparsamer Mensch die Möglichkeit, die College-eigene Kraftkammer nach Belieben gratis zu benützen, so oft wahrnahm, wie das unter Berücksichtigung der jüngsten sportphysiologischen Erkenntnisse möglich ist, blieb nicht ohne Folgen für sein Gesamterscheinungsbild. (Wie weit seine neu entwickelte Leidenschaft für Vitamin-Getreide-Drinks auf der Basis laktosefreier Magermilch dazu beiträgt, vermag ich nicht abzuschätzen.)

Als Vater habe ich es natürlich begrüßt, dass Dominik ein Jahr

auf einem anderen Kontinent, in einer fremden Sprache, unter ganz neuen Bedingungen studieren konnte. Niemand kann den Zuwachs an Lebenskompetenzen, Selbständigkeit und Verantwortungsgefühl wegleugnen, den jeder erwirbt, der das „Hotel Mama" – wenn auch nur zwischenzeitlich – verlässt.
Manche Mama freilich sieht das nicht ganz so. Dominiks Mama zum Beispiel. Hatte sie in den ersten Tagen noch jedes Mal ge-

weint, wenn sie an seinem leeren, nach seiner Abreise von ihr akribisch aufgeräumten Zimmer vorbeiging, steigerten sich die Intervalle mit der Zeit. Nach einigen Monaten konnte sie sogar schon mit unserem Sohn telefonieren, ohne mir nach wenigen Worten den Hörer weiterzugeben, weil sie vor Schluchzen kein Wort herausbrachte.

Die virtuelle Nabelschnur zwischen Conway (Arkansas) und Graz war das Internet, dank dessen vor allem meine Frau und Dominik seitenlang miteinander kommunizierten. Kein Ausflug, von dem er nicht Fotos, kein Rockkonzert, von dem er keine Gästeliste, keine neue Bekanntschaft, von der er keine Personenbeschreibung geschickt hätte.

Zu entsprechenden Anlässen sandte er auch an Geschwister eine Botschaft: „Liebe Anna, du bist jetzt also schon 12, aber hoffentlich immer noch so klein, süß und knuddelig wie in meiner Erinnerung. Immer wieder denke ich hier daran, wie du oft stundenlang, während ich gelesen habe, neben mir im Bett auf meinem Arm gelegen bist, entweder auch lesend oder nur auf die Decke schauend. Diese Geduld war mir immer ein kleines Rätsel, mir gefällt jedoch die Vorstellung, dass du dich bei mir wohl gefühlt und über die kleinen Probleme deines Lebens gegrübelt und von den großen Ideen deiner Zukunft geträumt hast. Bleib so quirlig, so lebhaft, aktiv und offen, wie du bist. Ich hab dich sehr lieb, dein dich vermissender Dominik".

Nun ist er also wieder zurück, und meine Frau kann an Dominiks Zimmertür vorbeigehen, ohne dass ihr das Herz schwer wird. Es ist alles wieder wie früher: nicht schön aufgeräumt, sondern genial chaotisch.

Das Leben kann wunderschön sein

Grosse Plage mit kleinen Stiefeln

Im Herbst kommt Sophie in die Schule, derzeit besucht sie den Kindergarten. Jeden Morgen bringe ich sie dorthin. Es ist nicht weit, nur ein paar hundert Meter. Dennoch sind wir immer die Letzten. Neuerdings verabschiede ich mich von ihr an der Eingangstür, was wertvolle Minuten bringt. Sie winkt mir noch, geht dann allein die paar Stufen hinunter zu ihrem Platz in der Garderobe. Zieht Mantel und Stiefel aus und ihre Patschen an und setzt sich zu den anderen in den Sitzkreis.
Sophie ist ein sehr unkompliziertes Mädchen, selbständig und pragmatisch. Ich denke, sie macht den Kindergartenpädagoginnen nicht allzu viel Arbeit. Nur manchmal wird sie gerügt, aber nur ganz wenig, wenn es draußen kalt ist und ich ihre Handschuhe vergessen habe. Was sie den Vormittag lang macht, weiß ich nicht genau. Vor allem Zeichnen und Basteln, glaube ich. Manchmal begrüßt sie mich mit „Hi, daddy!" Offensichtlich gibt es so etwas wie Englisch-Stunden.
Es ist schon einige Zeit her, da schickte mir eine liebe Leserin einen Text, den sie im Internet gefunden hatte. Und weil er amüsant ist und zum Thema passt, möchte ich ihn hier zitieren: Ein kleiner Junge hatte beim Stiefelanziehen Probleme, und so kniete seine Kindergärtnerin sich nieder, um ihm dabei zu helfen. Mit gemeinsamem Stoßen, Ziehen und Zerren gelang es, zuerst den einen und schließlich auch noch den zweiten Stiefel anzuziehen. Als der Kleine sagte: „Die Stiefel sind ja am falschen Fuß!", schluckte die Kindergärtnerin ihren Anflug von Ärger hinunter und schaute ungläubig auf die Füße des Kleinen. Aber es war so: Links und rechts waren tatsächlich vertauscht.
Nun war es für die Kindergärtnerin ebenso mühsam wie beim

ersten Mal, die Stiefel wieder abzustreifen. Es gelang ihr aber, ihre Fassung zu bewahren, während sie die Stiefel tauschten und dann gemeinsam wieder anzogen, ebenfalls wieder unter heftigem Zerren und Ziehen. Als das Werk vollbracht war, sagte der Kleine: „Das sind nicht meine Stiefel!"

Dies verursachte im Innern der Kindergärtnerin eine neuerliche, nun bereits deutlichere Welle von Ärger, und sie biss sich heftig

auf die Zunge, damit das hässliche Wort, das darauf gelegen war, nicht ihrem Mund entschlüpfe. So sagte sie lediglich: „Warum sagst du das erst jetzt?“
Ihrem Schicksal ergeben, kniete sie sich nieder und zerrte abermals an den widerspenstigen Stiefeln, bis sie wieder ausgezogen waren. Da erklärte der Kleine deutlicher: „Das sind nicht meine Stiefel, denn sie gehören meinem Bruder. Aber meine Mutter hat gesagt, ich muss sie heute anziehen, weil es so kalt ist.“
In diesem Moment wusste sie nicht mehr, ob sie laut schreien oder still weinen sollte. Sie nahm nochmals ihre ganze Selbstbeherrschung zusammen und stieß, schob und zerrte die blöden Stiefel wieder an die kleinen Füße. Fertig. Dann fragte sie den Jungen erleichtert: „Okay, und wo sind deine Handschuhe?“ Worauf er antwortete: „Ich hab sie vorn in die Stiefel gesteckt.“

Mir geht es wie Hans Krankl!

Seit 20 Jahren bin ich Betreuer einer Schulfußballmannschaft. Es gibt wahrscheinlich keinen Trainer weltweit, der so lange im Amt ist wie ich – und zugleich so erfolglos. Unsere dauerhafte Erfolglosigkeit hat unserer Schule zu einer eigenartigen Sonderposition verholfen: Alle wollen gegen uns spielen.
Unvergesslich ist mir das Match gegen den österreichischen Meister in der Schülerliga. Die Gegner: ausnahmslos Vereinsspieler, die nach jedem Tor ausspuckten und ganz viel Gel im Haar hatten. Echte Profis, Wahnsinn! Deren Väter und Mütter standen am Spielfeldrand und feuerten ihre Knaben lautstark an: „Kevin, schneid eam um!“ „Reiß eam um, Dennis!“ „Tritt eam in die Eier, Oliver!“

Nun müssen Sie wissen, dass in unserem Team unterschiedliche Talente zum Zug kamen: ein Pianist, ein Geigenvirtuose, ein Golfspieler, ein Reiter, ein Turmspringer, ein Fechter, ein Wasserballer, ein Judoka, ein Surfer. Auf der Bank saßen: ein Orientierungsläufer, ein Schachspieler, ein Hobbyzüchter von Rotwangenschildkröten, ein Liebhaber von Modelleisenbahnen. Fußballer im eigentlichen Sinn war keiner dabei.
Einige Eltern, von denen etliche zum ersten und wohl auch letzten Mal ein Fußballmatch live sahen, waren durch den derben Ton der gegnerischen Anhängerschaft sichtlich irritiert. Eine Mutter nahm ihren Sohn kurzerhand vom Feld und erklärte mir

unmissverständlich: „Ich möchte nicht, dass meinem Sohn in die Eier getreten wird." Andere wiederum ließen sich nicht einschüchtern und feuerten ihrerseits ihre Buben an: „Tu dir nicht weh, Flori!" „Pass auf dich auf, Pauli!" „Mach's gut, Maxi!" Es war gut gemeint, wirklich, aber ein Fußballspiel kann man auf diese Weise nicht gewinnen.

Es war schrecklich. Wir bekamen Tore im Minutentakt. Ich versuchte Zeit zu gewinnen, indem ich ständig den Torhüter wechselte. Bis er Knieschützer und Handschuhe angezogen hatte, vergingen wertvolle Sekunden. Alle meine Leute, sogar die Reservisten, standen mindestens einmal im Tor. Auch mein verzweifelter Versuch, die letzten Minuten mit 14 Mann zu bestreiten (ich hatte alle Kaderspieler, vom Referee unbemerkt, aufs Feld geschickt), verpuffte. Am Ende stand es 0:25! Nie wieder nachher habe ich in kurzer Zeit so viele Buben spucken sehen.

Ein Vater, von Beruf Geophysiker, meinte: „Ich weiß nicht, ob die Kinder das von der Moral her noch lange durchhalten." Ich sagte: „Wir sind erst in der Aufbauphase. Wir kommen noch."

Inzwischen sind viele Jahre vergangen, aber wir sind immer noch in der Aufbauphase. Ein bisschen geht es mir wie Hans Krankl mit dem ÖFB-Team.

Aber die Moral stimmt. Wir glauben an die Zukunft und die Kameradschaft und den Sport als solchen, an all diese romantischen Dinge. Meine Mannschaft ist schwer in Ordnung, ehrlich! Ich bin stolz auf Stanislaus, Georg, Philipp, Jakob, Severin, David, Lukas, Aaron, Bernhard und Daniel.

Und wer weiß: Vielleicht kommt einmal ein Kevin dazu oder ein Dennis. Ein richtiger Kicker halt. Der Tore schießen kann – und spucken.

ELTERNGLÜCK AUF KINDERSESSELN

Es gibt kein dankbareres Publikum als Eltern. Da kann noch so falsch gesungen und schlecht gespielt werden: Mama und Papa sind immer glücklich.

Unlängst war ich Zuhörer eines Abschlusskonzertes, an dem meine Tochter Antonia mitwirkte. Es war keine wirklich große Veranstaltung. Dennoch waren alle Plätze besetzt. Da die Feier in einer Volksschulklasse stattfand, gab es nur sehr niedere Sessel. Ein Umstand, der einigen hoch gewachsenen Vätern doch ein wenig zu schaffen machte. Sie hockten da, gebeugt und in einer anatomisch denkbar ungünstigen Haltung, und litten still.

Auch ich spürte meine Bandscheiben. Also schlich ich, ungefähr bei Halbzeit des Konzerts, zum Veranstalter nach vorne, um eine kurze Pause zu erbetteln. Doch dieser winkte nur unwirsch ab.

Kurz überlegte ich, einer Mutter, die ein quengelndes Kleinkind nach draußen schaffte, nachzustürzen, um ein bisschen Luft zu schnappen. Aber Antonia war noch nicht an der Reihe.

Es klingt hart, trifft aber zu: Noch nie war ich Zeuge derart schlicht und schlecht vorgetragener Musikstücke. Bei einigen Darbietungen gewann man den Eindruck, als würde der kleine Musikant zum ersten Mal oder nach langer Pause wieder einmal sein Instrument zur Hand nehmen.

Einen Vater ertappte ich dabei, wie er verstohlen auf seine Uhr blickte. Die anderen, so schien es, waren sichtlich beeindruckt vom Können der Kleinen. Sie demonstrierten typische Anzeichen ungestillten Interesses: legten die Hand ans Ohr und beugten sich angestrengt vor, um nur ja keine Zwischentöne zu überhören.

Oder sie fotografierten. Immer wieder Blitze. Drei Väter filmten. Mütter und Großmütter waren vor allem gerührt.
Wie die kleinen Virtuosen spielten, glaube ich, war nicht so wichtig. Hauptsache, sie spielten. Oder drehten an Knöpfen des Keyboards. Oft dauerte das Einstellen länger als dann das Geklimpere.
Eine Oma links von mir war eingeschlafen. Erst der Schlussapplaus vermochte sie zu wecken. (Sie sollte nichts versäumt haben – so viel stand fest.)
Plötzlich gewann das sich für mich bis dahin ein wenig dahinschleppende Konzert an Schwung und Spannung. Mein Herz schlug schneller, mein Atem ging kürzer. Meine Tochter setzte sich ans Keyboard. Routiniert bearbeitete sie die Tasten. Ich war sehr erleichtert, als sie damit fertig war, drückte meiner Frau dankbar die Hand: War sie nicht wundervoll?

Die Vorspielstunde ist zu Ende. Der Applaus freundlich, aber enden wollend. Wir Eltern uns überraschend einig: Eine Zugabe soll es nicht mehr geben.
Schließlich haben wir genug gehört und sind lange auf Kindersesseln gehockt, gebeugt und zusammengekrümmt. Auch Elternliebe hat ihre Grenzen.
Ich gehe zu Antonia, die von ihren Großeltern, meiner Frau und einigen Geschwistern umringt ist. „Sehr schön hast du gespielt, wirklich", sage ich und bin sehr glücklich. Genauso wie alle anderen Väter auch.

Du kannst nicht mehr als alles haben

Lieber Nikolaus, das Leben ist wie eine Zugfahrt. Die Tage und Jahre, die vergehen, scheinen dir anfangs viel zu lange zu dauern. Endlich hast du deine erste ganz wichtige Station erreicht: die Matura, das Ende der Schulzeit.
Deine Bahnfahrt bis zu diesem ersten Ziel ist nicht ohne Schrecknisse verlaufen. Du hast Halt machen müssen, unvorhersehbar, an ganz düsteren Stationen, die ich – wie mit einem verkehrt herum gehaltenen Fernglas – nur noch aus der Entfernung der Erinnerung erkenne: deine Leukämieerkrankung, als du acht Jahre alt und so geschwächt warst, dass du nur auf allen vieren über die Stiege in den ersten Stock kriechen konntest. Dein komplizierter Armbruch drei Jahre später, der mit zwei 20 cm langen Metallplatten verschraubt werden musste. Der Brief deines Klassenvorstands in der Waldorfschule, der uns Eltern vor etwas mehr als einem Jahr darüber informierte, dass die Oberstufenkonferenz deiner Klassenlehrer dir eine erfolgreiche Reifeprüfung nicht zutraut.

Du hast alle dunklen Stunden deines Lebens mit dem dir eigenen Optimismus gemeistert.
Nun stehst du auf einem Bahnhof mit sehr vielen Wechseln und Geleisen. Du bist herausgetreten aus dem Geführtwerden, aus dem geschützten Bereich der Schule und an einer Schnittstelle angekommen, wo du eine ganz eigene, oft sich der Realität verweigernde Welt verlässt und über die Schwelle des Erwachsenwerdens in ein Draußen trittst, das ganz anders sein wird.

Ich weiß nicht, welchen Schienenstrang du wählen willst. Ich kann und will dir keine Richtung zeigen, dir keine Lebensanweisung geben.
Allein schon die Wahl der Zugsgarnitur entscheidet viel: ob du mit Platzkarte im Polstersitz eines ICE durch die Zeit rast, nur Halt machend in den wichtigen Städten dieser Erde, oder ob du durchs Leben bummelst im Abteil eines Regionalzuges, dessen Einstellung wegen zu geringer Effizienz stets drohend im Raum steht.
Ich weiß nicht, wie dein Leben sein wird, aber es ist das einzige, das du hast. Du kannst es nicht zurückdrehen, nicht austauschen, aber du kannst mit ein wenig Glück behalten, was dir schon oft geholfen hat: deine Sorglosigkeit und deine Lebensfreude.
Viele hoffen, dass etwas kommt, das noch besser ist. Aber glaub mir: Du kannst nicht mehr als alles haben.
Pascal Mercier hat einmal geschrieben: „Es ist ein Fehler, wenn wir uns auf das Hier und Jetzt konzentrieren in der Überzeugung, damit das Wesentliche zu erfassen. Worauf es ankommt, ist, sicher und gelassen, mit dem angemessenen Humor und der angemessenen Melancholie, sich in der zeitlich und räumlich ausgebreiteten Landschaft zu bewegen, die wir sind."
Keiner kann dir sagen, wie es geht, das Leben. Wie man Aufregung in Gelassenheit wandelt, Stolz durch Würde ersetzt oder Gewohnheit durch Leidenschaft.
Trotzdem kannst du dich auf das Leben, das nun kommt, freuen. Es wird abenteuerlich sein und langweilig, öde und leuchtend, glücklich und schmerzvoll, gesellig und einsam – und vor allem unaustauschbar.

Dein Papa

Das Leben kann wunderschön sein!

Nur noch ein paar Tage, dann ist die Schule aus. Es ist Sommer, auch wenn die wirklich strahlend-schönen Tage bisher fehlen. Dennoch: Das Leben ist auf einmal das Einfachste, das es gibt. Ich habe das Gefühl, als würde von unserer Familie eine große, unsichtbare Last abfallen: zwei Monate lang keine Hausübungen, keine Referate, keine Tests, keine Schularbeiten. Die Kinder können in der Früh im Bett liegen bleiben, sie können schlafen, so lange sie wollen – ein paradiesischer Zustand.
Im Sommer verlieren die Kinder das Empfinden für die Zeit. Es interessiert sie nicht, ob Montag oder Samstag ist. Kein Schrillen des Weckers, kein mahnendes Wort: „ Beeil dich, du kommst sonst zu spät in die Schule!"
Warum ist für sie der Sommer so schön? „Ich kann im Garten liegen und muss nichts tun. Ich schaue in den Himmel, die Sonne scheint herrlich, und ich *bin* ganz einfach. An nichts denken, nur da sein – das ist wunderschön", sagt Anna.
Muße – im Sommer, in den langen Ferien, gibt es sie noch.
Und wieder Urlaub in Italien: Tiefblauer Himmel, Zypressen, Sonnenblumenfelder, sanfte Hügel. Und das Meer, vom Wind aufgewühlt, schickt Wellen ans Ufer, die sich brechen, wieder zusammentürmen, brechen. Die ewig gleiche Melodie, nie kann Musik schöner klingen. Oder das tausendfache Zirpen der Zikaden, monoton und gleichmäßig, als gäbe es keinen Anfang und kein Ende.
In der Erinnerung war kein Sommer schöner für mich als der nach meiner bestandenen Matura. Der Führerschein war noch druckfrisch, dennoch überließen mir meine Eltern für zwei Wochen ihren Zweitwagen, einen blauen Puch 500. Mit meinem

Freund Manfred fuhr ich los, ohne Ziel, einfach so, hinaus in die Welt.

Ein bisschen beneide ich meine Schüler, die gerade maturiert haben, um diese Zeit. Ich sehe sie noch vor mir, wie sie am ersten Schultag auf ihren kleinen Sesseln sitzen: 31 Buben und Mädchen, vom Zufall zu einer Klasse zusammengewürfelt. Mancher mit bangem Blick: Wie wird's werden? Mancher mit kecker Zuversicht: Was kann mir schon passieren?

Acht Jahre war ich ihr Deutschlehrer, bin mit ihnen mitgegangen, Stufe um Stufe. Jedes Jahr ist für sie eine Tür zu einem neuen Stockwerk aufgegangen.

Nun stehen sie ganz oben, auf der Dachterrasse.

Mit dem weiten Blick in eine neue, unbekannte Welt und mit dem wunderbaren Gefühl von Freiheit: Der schönste Sommer steht bevor. Aber auch mit dem Wissen, dass alle Türen zugefallen sind und nie wieder aufgehen. Es gibt keinen Weg zurück. Und noch etwas: Nach dem Sommer kommt wieder ein Herbst – und dann werden sie möglicherweise etwas Neues erfahren. Dass sie aus der Gemeinschaft in ein unbekanntes Niemandsland getreten sind, das dunkel sein kann und einsam, auch wenn man Eltern, Geschwister und Freunde hat.
Freilich: Daran sollen und werden sie nicht denken, hoffentlich. Also hinein in den Sommer, in den heißen Sand, in den kühlen Schatten der Pinien, in die kleine Trattoria mit der besten Pizza. Das Leben kann wunderschön sein!

Souvenirs, Souvenirs

DAS HEXLEIN UND SEIN ZAUBERSPRUCH

Den ersten Sommerurlaub in Montalto (Italien) verbrachten wir vor 19 Jahren. Damals waren erst drei Kinder mit – und meine Schwiegereltern. Wir hatten noch keinen großen, rostigen Bus. Und keine Zelte.

In dem Haus, das wir gemietet hatten, gab es jeglichen Komfort. Nur die Klimaanlage funktionierte nicht. Also klebten wir in der Nacht schweißnass auf unseren Leintüchern und starrten schlaflos auf den Plafond, wo sich viele blutig-rote Flecken gebildet hatten, letzte Reste fetter Gelsen, denen ich einen gnadenlosen Kampf lieferte. Meine Waffe: ein Kopfpolster, den ich, kaum war ein satter Sauger an der Wand, mit großer Wucht dagegenschleuderte.

Die Nächte waren nicht wirklich erholsam, auch tagsüber kamen wir selten zur Ruhe. Unsere drei Buben waren noch zu klein zum Schwimmen, aber sonst sehr rege.

Benedikt verbrachte einen Großteil des Urlaubs damit, am versperrten Gartentor zu rütteln und ins Haus zu rufen: „Tüttel!" Worauf ich ihm einen Schlüssel bringen musste, mit dem er dann am Schloss manipulierte. Doch es ging nicht auf. Also rief er abermals, schon ein wenig heftiger: „Tüttel, Tüttel!!" Ich brachte ihm einen weiteren. Usw. Usw.

Zwei Jahre später fuhr außer Dominik, Benedikt und Nikolaus auch Antonia (sechs Wochen alt) mit, jedoch keine Schwiegereltern mehr. Dafür ihr damals mehr als 30 Jahre altes Zelt.

Wir standen an der Rezeption eines idyllischen Campingplatzes in einem schattigen Pinienhain. Seine Besitzerin, eine kleine, äußerst temperamentvolle Frau, stürzte auf mich zu und krähte: „Belli bambini, complimenti!" Daraufhin umarmte sie mich,

drückte mir rechts und links einen Kuss auf die Wange und ging.
Es war der Beginn einer dicken Freundschaft. Seit 17 Jahren fahren wir nun jeden Sommer auf den Campingplatz „Pionier Etrusco". Und über all die Zeiten blieb das Begrüßungszerimoniell unverändert: Die alte Frau, wegen ihrer gebückten Haltung, der schnarrenden Stimme und ihrer Hakennase von mir (gegen

den Protest der anderen Familienmitglieder) liebevoll „Hexlein“ genannt, wirft einen Blick ins Wageninnere. Zählt die Kinder, entdeckt den Neuzugang, zieht mich an sich, busselt mich ab und kreischt: „Complimenti, Gioffredo!“ Dann reißt sie mich ein paar Mal um meine eigene Achse, eine Art wilder Begrüßungstanz. Ich gebe mein Bestes, allerdings spüre ich noch Tage später jede einzelne Bandscheibe.

Als Sophie das erste Mal mitkam, waren es acht Kinder. Das Hexlein zählte gewissenhaft. Umarmte mich wie immer, küsste mich wie immer. Plötzlich holte sie mit ihrer rechten Hand aus, blitzschnell, gab mir zwei Ohrfeigen, herzlich, aber kräftig, und krähte: „Otto bambini, basta, genug!“

Das war vor sieben Jahren. Manchmal liege ich im Schlafsack, starre schlaflos auf die ausgebleichte Zeltplane und grüble. Irgendwie klangen ihre Worte wie ein Zauberspruch – hatte sie mich etwa verhext?

Ganz sicher bin ich mir nicht. Nur so viel steht fest: Ein weiteres Kind bekamen wir seit damals nicht mehr.

Handschellen für Massimo

Eigentlich wollte ich nicht mehr auf unseren Campingplatz fahren. Warum? Seit geraumer Zeit gelte ich auf dem Campeggio als der leicht vertrottelte Austriaco mit der wunderbaren Frau. Astrid spricht hervorragend Italienisch – im Gegensatz zu mir. Man hält mich, glaube ich, für ein bisschen verrückt (die vielen Kinder!), aber freundlich und ungefährlich.

Wenn wir ankommen, sind wir schnell von Zeltnachbarn umringt. Sie begrüßen uns wie alte Bekannte, laden uns auf einen

Kaffee oder einen Grappa ein und reden, ohne Luft zu holen. Die Frauen mit Astrid, die Männer mit mir. Was sie mir erzählen? Ich weiß es nicht.
Da ich nicht unhöflich sein will, sehe ich sie lächelnd an, nicke ihnen aufmunternd zu. Irgendwann sind sie fertig, klopfen mir auf die Schulter und gehen zu ihrem Wohnwagen zurück.

Auch der Besitzer der Cafeteria hat mich sofort erkannt. Er heißt mich willkommen und beginnt zu erzählen. Vielleicht schildert er die Geburt seiner Zwillinge vor zwei Tagen oder dass seine alte Mutter letzten Monat verstorben ist. Ich kann ihn nicht verstehen, lächle, nicke mit dem Kopf und bestelle: „Un cappuccino e un cornetto." Der Kellner, der neu ist, bringt beides. Ich frage: „Come chianti?" („Wie Rotwein?" Es müsste richtig heißen: „Come ti chiami?" _ „Wie heißt du?") Er sieht mich fragend an, zeigt auf eine Flasche Lambrusco. „No, no, niente vino", sage ich. Dann deute ich auf mich: „Io Gottfried, tu …?" Der Kellner versteht: „Ah … Alfredo." Er steht vor mir und grinst mich freundlich an. Ich fühle mich bemüßigt, die Unterhaltung fortzusetzen. „Francesco Totti … puh!" Dabei spitze ich meinen Mund, als wollte ich spucken. Ein ungeheurer Wortschwall seinerseits – ich lächle und nicke.

Im Spielzeuggeschäft kaufe ich einen Ball, einen Drachen und ein Polizeiset, bestehend aus einer Pistole, einer Mütze und Handschellen. Das hat Tradition. Die Pistole hat noch keinen Urlaub überlebt, die Handschellen sind weniger in Verwendung, kommen meist unversehrt mit nach Österreich (inzwischen haben wir in unserer Verkleidungskiste ein gutes Dutzend davon).

Nur einmal, es ist schon Jahre her, waren sie im Einsatz. Auf dem Campingplatz gab es einen für alle Altersklassen ausgeschriebenen Wettbewerb: „Wer macht die schönste Sandburg?" Jeder, der eine Schaufel halten konnte, begann mit der Bautätigkeit. Nur Massimo, ein besonders widerlicher, verzogener kleiner Italiener, tat nichts, sah zu, wie unsere Kinder ihre Burg akribisch verzierten. Plötzlich aber kam er näher und trat beherzt gegen den großen Wehrturm, um sogleich feige zu flüchten. Unsere

Buben hatten ihn jedoch schnell gestellt, holten die Handschellen und hängten ihn damit an den Zaun. Zielten mit ihren flugs gefüllten Wasserpistolen auf ihn so lange, bis sein Vater kam. Der schaute dann bei unserem Zelt vorbei und brüllte mit mir. Ich glaube, es war nicht sehr freundlich, was er brüllte. Deshalb verzichtete ich ausnahmsweise darauf, zu lächeln und zu nicken.

Bei Bällen verstehe ich keinen Spass!

Unmittelbar an unseren Campeggio grenzt ein Fußballplatz mit einem Kunstrasen. Jedes Wochenende wird eine Runde der lokalen Firmenmeisterschaft ausgetragen. Als unsere großen Söhne noch klein waren, klebten sie täglich am Gitter und schauten zu und träumten davon, dereinst einmal gewissermaßen als Legionäre einzulaufen. Am liebsten hätten sie den Dress der Pizzeria „Maremma" übergestreift, aber auch die grün-weiß karierten Trikots der Sala Giochi oder die orange-schwarzen der Macelleria „Cinghiale d' oro" hatten es ihnen angetan. Am meisten aber waren sie vom Ball fasziniert, der eine ganz besondere Beschichtung aufwies.
Da geschah es einmal, dass das Objekt der Begierde über den Zaun flog und direkt vor ihre Beine kollerte. Blitzschnell kam Benedikt zum Zelt gelaufen, mit dem Beutestück unter dem Arm: „Schau, Papa, was wir gefunden haben!" Glücklich zeigte er mir den Ball. „Aber der gehört doch nicht euch, den müsst ihr zurücktragen", sagte ich. „Weißt du, wie viele die haben? Die merken gar nicht, dass einer fehlt."
Plötzlich stürmten fremde Buben in den Campingplatz, suchten

nach dem Ball. In der Annahme, sie seien die Besitzer, gab ich ihn ihnen. (Tatsächlich waren es Zuseher, die beobachtet hatten, dass der Ball über den Zaun geflogen war.) Nie werde ich ihre Blicke vergessen: Teils spöttisch, teils höhnisch, teils ungläubig, dass ich ihnen den Ball einfach so überlasse, machten sie sich aus dem Staub, laut lachend.

Ihr Lachen hatte ich noch lange in den Ohren, und die wehmütig-enttäuschte Frage von Benedikt: „Warum hast du ihnen den Ball gegeben und nicht uns?"

Seit dieser Begebenheit kaufe ich, kaum sind wir in Italien angekommen, einen Ball. Jedes Jahr. Der heurige ist weiß und hat blaue Rhomben.

Kürzlich spielte Klemens am Strand eine Zeitlang mit italienischen Bambini. Plötzlich begannen sie wegen eines Tores zu streiten. (Klemens kann genauso wenig Italienisch wie ich, vermag sich aber rätselhafter Weise zu verständigen.) Also ging mein Sohn weg, kaufte sich ein Eis. Da fiel mein Blick auf einen italienischen Knaben mit einem Ball, der genauso aussah wie unserer. Ich stand von meinem Liegestuhl auf, nahm ihn ihm weg und sagte: „Pallone … mio!"

Der Kleine schaute mich verdutzt an und begann zu weinen. Er lief zu einem weißhaarigen Mann, offensichtlich seinem Großvater, und gestikulierte wild in meine Richtung. Der Alte kam auf mich zu, überschüttete mich mit einem Schwall von italienischen Worten. Ich nahm Zuflucht zu meiner erprobten Taktik, lächelte und nickte. Bis Astrid flüsternd übersetzte: „Du hast dem Buben den Ball weggenommen?" – „Ja, aber es war unserer", antwortete ich trotzig. Bei Bällen verstehe ich keinen Spaß. Außerdem beflügelte mich das Gefühl, meinem Sohn beistehen zu müssen.

In diesem Augenblick sah ich Klemens vom Eisgeschäft zurückkommen, unseren pallone unter dem Arm.

Es war mir furchtbar peinlich. Am nächsten Tag fuhren wir an einen anderen Strand. Und am übernächsten auch …

Wann wird es endlich regnen?

In früheren Jahren war unser Feriendomizil absolut wettersicher. Von Juni bis September, so wussten die Einheimischen zu berichten, gebe es keinen Regentag. Wir können ein „O sole mio" davon singen.
Mehr als einmal sehnten wir uns nach einer kleinen Wolkenformation, um vielleicht reinen Gewissens das eine oder andere etruskische Museum zu besichtigen, ohne den Kindern einen Sonnentag am Strand zu „versauen", wie sie jeden kulturellen Vorstoß sofort abschmetterten.
Das war einmal. Seit der Entdeckung des Ozonlochs, der Einführung des Euros – oder doch wegen des Schaltjahrs? – gibt es auch in Mittelitalien ab und zu Schlechtwetter.
In einem Hotelzimmer stellt das ja kein wirklich großes Problem dar. Kurzfristig sind Kinder mit Gesellschaftsspielen, einem guten Buch oder einem Besuch im Eissalon durchaus ruhig zu stellen. Sollte es dann immer noch regnen, kann man ihnen ja den Konsum des einen oder auch anderen Ferien-TV-Schinkens gestatten, während sich die Eltern zu einem erholsamen Nachmittagsschläfchen zurückziehen.
Nicht so auf dem Campingplatz. Sobald die ersten Tropfen fallen, müssen hektisch Wäschestücke von der Leine genommen, Hängematten in Sicherheit gebracht und Wassergräben ausgehoben werden. Anfangs macht es noch Spaß, sich im „Elternzelt" auf leicht feuchten Liegebetten zusammenzukuscheln und zu beobachten, wie das Vorzelt unter den stetig anwachsenden Wassermassen in sich zusammensinkt.
Nach einiger Zeit pflegt die Stimmung bedrohlich zu kippen, zumal tageweise auch die Zubereitung der Spaghetti auf dem

Gasherd in Folge andauernder Niederschläge in Frage gestellt ist.

Astrid, die in akribischer Weise an der Optimierung der Rahmenbedingungen unseres Urlaubs arbeitet, hatte auf ihrer – jeweils am letzten Tag des Aufenthalts erstellten und sorgfältig im Reisepass verwahrten – Liste „Agenda 2004" ein einziges Wort notiert: Regensicherung.

Da meine Frau gewöhnt ist, Nägel mit Köpfen zu machen, ist unsere diesjährige Ausrüstung tatsächlich sehenswert: Kochstel-

le, Eiskasten, Vorratsschrank und Wäscheständer befinden sich unter einem kleinen Pavillon. Anrichte, Esstische und die dazu gehörigen 12 Sessel (einer ist für meinen alten Freund Egon, der uns schon einmal völlig überraschend besucht hat) unter einem 3 x 9 m großen Bierzelt. Beide Neuerwerbungen sind in maritimem blau-weißen Streifendessin gehalten und verfügen über Seitenteile mit aufgedruckten Fensterelementen.
Insgesamt umfasst die verbaute Gesamtfläche mehr Quadratmeter als unsere Parzelle zu Hause, zumal unsere Kinder zwanglos Fahrräder, Schwimmtiere und diverse Sportgeräte, an Pinien gelehnt, in großem Radius um den eigentlichen Siedlungskern verteilen.
Wir haben es also wirklich gemütlich, vor allem deshalb, weil ich das Hauptzelt mit einer extra starken Plane aus dem hiesigen Baumarkt überdeckt habe. Jetzt hoffe ich nur noch, dass es endlich einmal richtig regnet. Viel Zeit bleibt nicht mehr. In drei Tagen fahren wir nämlich heim.

Souvenirs, Souvenirs

Vielleicht kennen Sie das Phänomen auch: Fern der Heimat ist man geneigt zu glauben, man könne das unbeschwerte Urlaubsglück mittels eines landestypischen Souvenirs in den Alltag des restlichen Jahres importieren. Schon Kinder sammeln mit Begeisterung Muscheln oder Steine, die dann daheim in einer Schale auf dem Vorzimmerkastl vor sich hin verstauben.
Als ich nach unserem ersten Familienurlaub am tyrrhenischen Meer unser randvoll beladenes Auto bestieg, um die Heimfahrt anzutreten, schummelte ich noch im letzten Augenblick eine

Flasche Lambrusco amabile an Bord, den Wein, von dem wir allabendlich unter unserem Vorzelt ein Gute-Nacht-Glas getrunken hatten: Der Tag am Strand war glücklich absolviert, keines der Kinder ertrunken oder von einer Qualle attackiert worden.

Nach dem Abendessen lagen unsere (damals drei) Kinder friedlich auf ihren Luftmatratzen. Das war Erholung!
Zu Hause stellte ich den moussierenden Rotwein in den Kühlschrank, war voller Vorfreude. Sobald die Zeltutensilien am Dachboden über der Garage verstaut, die Schmutzwäsche rund um die Waschmaschine aufgetürmt war und die Buben sich voller Wiedersehensfreude ihren lange entbehrten Spielsachen widmeten, schenkte ich Astrid und mir ein. Doch was war das? Hatte der Wein die lange Fahrt nicht vertragen, nahm er mir den unvermuteten Temperaturwechsel übel oder wollte er nördlich des Apennins sein Aroma einfach nicht entfalten? Meine romantische Frau führte die ausbleibende Wirkung darauf zurück, dass unser Wohnzimmer eben kein Pinienwald mit den dazu gehörigen unentwegt zirpenden Zikaden sei.
Vor vier Jahren verbrachte ich erstmals mit Astrid eine herrliche (kinderlose!) Woche auf einer griechischen Insel. Wir frühstückten täglich einen Becher Yoghurt mit Honig und Walnüssen. Da uns bald klar war, dass eine Zukunft ohne diesen Tagesbeginn nicht mehr vorstellbar sei, erstanden wir nach mehrstündiger Erkundungstour quer durch die Imkereien auf Kos bei einem vertrauenswürdigen alten Alexis Sorbas einen großen Topf einheimischen Honigs. Zu Hause organisierte ich in einer griechischen Restauration einen 5 kg-Behälter original griechischen Yoghurt. Überflüssig zu sagen, dass wir dem exotischen Frühstück in den eigenen vier Wänden nicht mehr viel abzugewinnen vermochten.
Ähnlich ergeht es meiner Familie auch mit non- food- Souvenirs: einer Flasche Sand, die Dominik von seiner Maturareise (Bodrum, 2002) mitgebracht, beim jährlichen Großreinemachen vor Weihnachten jedoch versehentlich entsorgt hatte; einer

Keramik-Olivenschale (Sizilien, 2000), die nicht recht genutzt wird – was damit zusammenhängen mag, dass keiner von uns freiwillig Oliven isst; einem prächtigen Schafwollpullover (Rhodos, 2001), dessen Mäandermuster irgendwie nicht in unsere heimische Bergwelt passen wollte.
Es gibt nur vereinzelte Urlaubserinnerungen, die uns wirklich nachhaltig Freude bereiten: Nikolaus (Rom, 1985), Antonia (Caorle, 1987) und Jakob (Lignano, 1995).

Ferienglück kann ganz einfach sein

Unsere kleine Zeltstadt ist abgebaut, alles in Bus und Anhänger verstaut. Während die Kinder die beste Pizza der Welt essen, die letzte für ein Jahr (?), gehe ich allein an den Strand. Ich blicke aufs Meer, sehe wieder alles ganz genau vor mir, als wäre es erst gestern geschehen. Und doch ist es 14 Jahre her: Die helle Sonne hoch am Himmel, Dominik (6) paddelt auf einem grünen Plastikkrokodil ein bisschen am Ufer entlang. Ich hole für Astrid und mich vom Strandcafé einen Cappuccino. Auf dem Rückweg sehe ich, wie Dominik schon weit abgetrieben ist. Plötzlich fällt er beim Versuch, sein Schwimmtier zu wenden, ins Meer. Er kann bereits recht gut schwimmen, dennoch wird er immer weiter abgetrieben.
Ich sehe ihn winken, verzweifelt und immer kleiner werdend. Meine Frau, die sechs Wochen alte Antonia im Arm, ruft nach mir, panisch vor Angst. Nie wieder bin ich 400 Meter so schnell geschwommen. Ich komme näher. Dominiks Kräfte lassen nach, seine Bewegungen werden langsamer, ich höre seine Hilferufe, ich muss hin zu ihm, 100 Meter noch. Mein Atem wird kür-

zer, meine Schläfen pochen, ich muss hin zu ihm. Die rasende Furcht, ihn zu verlieren, macht meine letzten Kräfte frei. Ich halte ihn, er krallt sich an mir fest, plötzlich ein Rettungsboot. Der salvatore, den Astrid alarmiert hat, zieht uns hinein. Ganz weit draußen, nur noch als winzigen Punkt erkennbar, sehe ich das Krokodil schwimmen…

Ich setze mich in den heißen Sand, bilde mir ein, Benedikts glückliche Stimme zu hören, damals war er fünf: „Papa, schau,

was ich gefunden hab!“ Ich öffne ein unglaublich schmutziges Händchen, in dem eine Muschel liegt. Ich sehe meinen Sohn, wie er mit nie versiegender Energie einen Graben im Sand anlegt, mit seinem roten Küberl zum Meer hinunterläuft, Wasser in den Graben gießt. Über seine nassen Haare schaue ich hinaus – silbrig verschwommen durch den Dunst fährt am Horizont ein kleines Schiff.
Mein Blick fällt auf eine rund 1,5 Meter hohe Mauer, die den Strand von der Straße abgrenzt. Ich sehe Nikolaus oben stehen, dreijährig, abenteuerlustig und braungebrannt, tollkühn. Plötzlich versucht er einen Salto, landet recht unsanft im Sand.
Ich gehe zurück zu den Kindern, vorbei an der Cafeteria, in der ich jeden Morgen meinen Kaffee trinke. Verabschiede mich von Francesco, dem Chef, der mir nachruft: „Al prossimo anno!“ (Bis zum nächsten Jahr!) Ich sage: „Si, si!“, aber ich glaube nicht daran.
Warum fällt mir heuer der Abschied so schwer? Irgendwie vermeine ich zu spüren, dass es ein Abschied für immer ist, wir nicht mehr zurückkommen werden, zumindest nicht die ganze Familie. Ich atme noch einmal tief ein, diese unvergleichliche Luft, wie es sie nur am Meer gibt, und bin dankbar für die vielen Wochen, die die Tür zum Paradies immer wieder für einen Spalt geöffnet haben. Es war nicht das Vier-Sterne-Hotel mit allem Pauschalkomfort, es war dieser kleine Campingplatz am tyrrhenischen Meer, den ich nie vergessen werde: Ferienglück kann ganz einfach sein.

Schau, das süße Beulenkrokodil!

Waldi und die Königin der Nacht

Neulich rief eine liebe Bekannte an: „Sie haben so viele Kinder und ich so viele Äpfel. Wollen Sie nicht welche holen?"
Also fuhren Astrid und ich mit unserem rostigen, alten Bus in die Südsteiermark. Die Sonne schien mild, bunte Blätter schaukelten sanft im Wind. Die Vorstellung herrlich-saftiger Äpfel war köstlich. Die Kinder freuten sich auf Golden Delicious, meine

Frau auf Schafnasen, ich selbst aus nostalgischen Gründen auf Cox Orange.

Die freundliche Dame erwartete uns bereits am Gartentor, neben ihr ein kleiner Hund. Zwei Viertel Terrier, ein Viertel Spitz, ein Viertel Bulldogge. Oder umgekehrt. Mit einem Spritzer Rehpinscher.

Durch das Autofenster hörte ich sein schrilles Bellen, es hörte sich an wie „Äff-äff", dabei bleckte er die Zähne, kleine, aber nadelspitze Zähne, durchaus geeignet, um mit ihnen Walnüsse zu knacken oder eine Hecke zu stutzen.

Die Gastgeberin wies mich ein, der Bus rollte langsam auf das Grundstück, durch ein Spalier von riesigen Körben, Bottichen und Schachteln mit Äpfeln, grünen und roten, großen und kleinen, harten und weichen. Alle zusammen hätten wohl einen hübschen kleinen Apfelberg ergeben.

Mein Blick wurde allerdings abgelenkt von einer Hundeschnauze, die immer wieder am Seitenfenster anschlug – der kleine Köter schien über enorme Sprungkraft zu verfügen. Dabei hatte sein Jumpen nichts Spielerisches, Lustiges. Vielmehr warf er sich gegen die Autotür, sehr ausdauernd und kampferprobt.

Irgendwie schien er zu spüren, dass ich mich vor ihm fürchtete. Ich wusste nicht, wie ich die Tür öffnen sollte. Da hörte ich die milde Stimme der Gastgeberin: „Waldi, sei jetzt ein braver Hund." Mir lächelte sie aufmunternd zu: „Sie brauchen keine Angst zu haben, er beißt nicht. Er will nur spielen."

Hatte ich aber doch. Waldi wich nicht von meiner Seite, den ganzen Nachmittag lang. Während ich die Apfelbehälter in den Kofferraum und auf die Sitzbänke wuchtete, klebte er an meiner Seite, kläffend, kläffend, kläffend. Ohne Pause.

Im Haus, während der kleinen Jause, Stille. Plötzlich begann die alte Dame, den Hund auf dem Schoß, zu singen. Sie gab die Arie der Königin der Nacht aus Mozarts Zauberflöte zum Besten. Aber vielleicht war es auch etwas anderes, so genau weiß ich es nicht mehr, weil ich Waldi anstarrte: Der hatte den Kopf zur Seite gelegt, das Maul weit aufgerissen, und stieß Laute hervor, schluchzend und jaulend. Dabei vergaß er nicht, mich mit seinem stechenden Blick zu fixieren.

Es war ein denkwürdiges Duett. Dennoch war ich irgendwie froh, als unser Besuch zu Ende ging. Die letzten Meter zur rettenden Autotür nahm ich im Sprint. Die kleine Bestie flog mir nach. Ich saß bereits im Wagen, da fasste sie zu, verbiss sich in meinen Turnschuh.

Ich schüttelte, stampfte, schrie – Waldi ließ nicht locker. Kurz fürchtete ich, man könne ihn nur noch operativ entfernen, da auch alles gute Zureden und Zerren von Seiten seines Frauchens erfolglos blieb.

Schließlich stellte sich die alte Dame in Positur und sang die schwierige Koloraturarie. Waldi vernahm die vertrauten Klänge, sperrte das Maul auf und fiel, wie es offenbar seine Gewohnheit zu sein schien, in den Gesang ein, klagend und wehmütig. Ich nützte die unerwartete Chance, bekam meinen Fuß wieder frei – und die Autotür zu.

Zu Hause stellten wir Körbe, Bottiche und Schachteln auf dem Küchenboden ab. Es war ein gewaltiges Schauspiel: Vor den staunenden Blicken der Kinder lagen hunderte Äpfel. Vergessen war mein Kampf mit dem kleinen Hund. Voll Dankbarkeit dachten wir an die alte Dame, wie viele Stunden sie wohl mit dem Pflücken und Aufklauben zugebracht haben musste.

Keiner von uns ahnte beim ersten, flüchtigen Hinschauen, dass wir alle schon bald keinen Apfel mehr sehen würden können.

Denn bei näherer Betrachtung stellte sich heraus, dass die liebe Gabe in der Masse aus Wirtschaftsäpfeln bestand, die unser Nachwuchs herzlos in fünf Gruppen einteilte: die geschmacklosen, die mehligen, die angeschlagenen, die halbfaulen und die durch und durch faulen – die mit Abstand das größte Kontingent stellten.
Astrid tat alles, um der gewaltigen Apfelmenge Herr zu werden. Bis spät in die Nacht buk sie Apfeltaschen, Apfelschlangel und

Apfelstrudel, kochte Apfelkompott und bereitete Bratäpfel und Apfel im Schlafrock.
Allein, es war ein aussichtsloser Kampf, vor allem deshalb, weil die Gruppe der durch und durch faulen Äpfel mit jedem Tag größer wurde.
Da fiel mir die Tante meines Freundes Egon ein. Eine pensionierte Krankenschwester und einer Generation angehörend, die auch eigentlich nicht mehr Genießbares sowie gerade noch Essbares einfach nicht wegwerfen kann. Sie freute sich über meinen Anruf. Erleichtert stellte ich alle Schachteln vor ihrer Haustür ab.
Ich hätte die Äpfel längst vergessen, wäre ich nicht unlängst Egon begegnet. „Weißt du, dass meine Tante sechs Tage das Haus nicht verlassen hat? Sie hat Äpfel eingerext, sie zu Maische gestampft, sie zu Saft gepresst und zu Mus gedrückt", sagte er nicht ohne einen vorwurfsvollen Unterton. „Die letzten Apferln hat sie in einen Korb gegeben, um sie den Rehen im Wald zu verfüttern."
Die scheuen Tiere sollen sie – laut Egon – mit großem Appetit verzehrt haben. Warum nur wollen kleine Köter keine Äpfel fressen?

Schau, das süsse Beulenkrokodil!

Es gibt nur wenige Situationen, in denen ich mir (heimlich) wünsche, vielleicht doch nicht ganz so viele Kinder zu haben. Am Tag ihrer mündlichen Matura beispielsweise oder auch, wenn Astrid einen Ausflug in den Tierpark anregt, „weil doch die Kleineren erst zwei Mal dort waren".

Was das Interesse für Flora und Fauna betrifft, geht durch unsere Familie eine säuberlich geschlechtsspezifisch gezogene Trennlinie: Die weiblichen Mitglieder können nicht genug bekommen von Zoos, botanischen Gärten und Tierreservaten jeglicher Art. Wir Männer stehen der Natur im Allgemeinen wesentlich distanzierter gegenüber. Einerlei.

Neulich war es wieder so weit. Ungeachtet der hochsommerlichen Temperaturen rüsteten wir uns zur Fahrt in die Bundeshauptstadt. Als ich die von meiner Frau liebevoll gepackten Rucksäcke sah, fürchtete ich schon, dass in der Schönbrunner Streichelabteilung seit unserem letzten Besuch Übernachtungsmöglichkeiten für Hausziegenfanatiker eingerichtet worden seien.
In einer der Warteschlangen vor der Kassa überschlug ich beim Addieren der Kartenpreise, dass mich die Anschaffung eines Pandabären zum Hausgebrauch vermutlich nur unwesentlich teurer gekommen wäre.
Aber nicht nur die putzigen Bären, auch Beulenkrokodile, Flusspferde oder Bisons fanden meine Mädchen total süß, herzig, entzückend.
Jakob war weniger angetan von den exotischen Tieren. Nur die im Affenhaus frei hängenden (ägyptischen?) Flughunde konnten kurzfristig sein Interesse erregen. Verdrossen trottete er neben mir her.
Auch ich, unter dem schweren Gepäck bei 33 Grad leicht stöhnend, erwog kurzfristig die Anmietung eines Leiterwagerls, das eigentlich zur Beförderung quengelnder Kleinkinder angeboten wird. Antonia und Anna waren durchaus bereit, ihren müden Vater entlang der Freigehege zu ziehen. Bedauerlicherweise jedoch überschritt ich klar das angegebene Gewichtslimit.
Während seine Schwestern nahezu eine Stunde lang das erst zwei Monate alte (und zugegebenermaßen liebe) Elefantenjunge anhimmelten, setzten Jakob und ich uns mit einem Eislutscher ins Aquarium, wo es finster und kühl war. Ich war eingenickt und wäre gerne noch ein wenig länger sitzen geblieben, da weckte mich der spitze Schrei meiner jüngsten Tochter: „Schau, Papa, Schildkröten! Sind die nicht süß?“

Ich sah die gepanzerten Tiere durch die Glasscheibe, wie sie unbeweglich im Sand lagen, ohne jegliche innere Anteilnahme. Plötzlich fielen mir Gustl und Josephine ein, zwei Schildkröten, die lange vor Sophies Geburt in einem Terrarium in unserem Speiszimmer hockten, unbeachtet und wenig geliebt.
Mit den letzten Besuchern schleppte auch ich mich zum Ausgang, nachdenklich und sichtlich gezeichnet.
Freilich, ein Gutes hatte der Ausflug immerhin: Sophie spricht vorläufig nicht mehr davon, dass ich endlich den Stall für die zwei Zwergkaninchen bauen soll, die sie sich seit langem wünscht. Sie hätte jetzt doch lieber einen Babyelefanten.

Aug in Aug mit einem Mauserl

Astrid kann keinem Tier etwas zu Leide tun. Nur bei den Gelsen macht sie eine Ausnahme: Sie zermatschkert sie zwar nicht eigenhändig, lässt jedoch zu, dass ich meinen Kopfpolster gegen die Zimmerdecke schleudere. Von dort kommen sie dann meistens nicht mehr weg.
Eigentlich liebt sie alle Tiere. Ganz besonders giftige wie etwa die Vogelspinne oder ganz besonders hässliche wie den Ameisenbären vielleicht ein bisschen weniger, aber im Grunde findet sie alles faszinierend, was auf der Erde kriecht, im Wasser schwimmt und in der Luft fliegt.
Deshalb wäre es ihr größter Wunsch, einmal vier Wochen lang durch den Urwald des Amazonas zu streifen, nur mit einer Machete bewaffnet, einem Rucksack und einem praktischen Bauchtäschchen mit Gegengiften gegen Schlangenbisse und so.

Sie möchte sich in keiner Gruppe, mit einem einheimischen Indio an der Spitze, durch dichtestes Buschwerk durchkämpfen. Das sei langweilig, meint sie. Sie hätte nur einen Menschen gern dabei: mich.
Nun gibt es kaum eine Gegend, wo es mich weniger hinzieht als in die Regenwälder Südamerikas. Zugegeben: Ich sehe mir gerne Universum-Beiträge im TV an, die vom Kampf ums Dasein der Raubkatzen und Boas erzählen. Aber Aug in Aug stehe ich ihnen nicht gerne gegenüber.
Nicht einmal einer Maus, harmlos und klein. Unlängst, als ich in der Küche die Brotschneidemaschine benützen wollte, stand eine solche vor mir. Ganz kurz nur, dann war sie hinter der Abwasch verschwunden.
Meine Entdeckung kommentierte Astrid für mich nicht wirklich überraschend: „Mei, süß!" Fortan legte sie für das entzückende Mauserl auf ein Tellerchen ein Stück Brot, das wies in der Früh ein kreisrundes Loch auf. Der neue Hausgenosse fühlte sich bei uns auf Anhieb wohl. Irgendwie schien er zu spüren, dass er hier nichts zu befürchten habe, und holte Freunde ins Haus. Auch sie kosteten von allem, was auf und unter dem Tisch lag.
Wie viele kleine Nager inzwischen in unser Haus eingezogen waren, kann nicht exakt angegeben werden. Die Schätzungen meiner Kinder schwankten zwischen drei und sechs. Dominik wollte einmal, spätnachts, vier auf einem Fleck gesehen haben.
Eine Zahl, die Astrid doch ein wenig zu irritieren schien. Was tun? Mein Vorschlag, Gift zu streuen, wurde sofort als ganz besonders grausam abgetan: „Weißt du nicht, wie lieb sie mich immer anschauen, wenn ich sie beim Knabbern überrasche?"
Also besorgte ich eine Lebendfalle, ein praktisches, leicht zu

bedienendes Gerät. Legte am Abend ein Stück Käse hinein. Und wirklich – die Falle war morgens zugeschnappt. Meine Frau sah der nicht mehr putzig kleinen, sondern durchaus stattlichen Maus noch einmal in die süßen Augen, ehe sie sie über die Straße trug und in die Freiheit entließ.

Inzwischen sind neun Tage vergangen, und Astrid ist neun Mal mit der Lebendfalle über die Straße gegangen, früh am Morgen. Aber das Rascheln und Scharren unter dem Eiskasten und dem Geschirrspüler waren damit noch nicht zu Ende. Bald war das

Dutzend voll – nicht gerechnet jene bedauerlichen Geschöpfe, die in ihrer unmittelbaren Wirkungsstätte (in unserer Küche) ihre Leben lassen mussten: Die eine geriet versehentlich in das stark aufgeheizte Backrohr, die andere kam aus einem Topf mit flüssiger Schokolade nicht mehr heraus. Ein Anblick, der meine Frau nicht mehr gut schlafen ließ.

Auch ich machte mir so meine Gedanken. Als Mäuslein Nummer 13, ein besonders zierliches Geschöpf, in der Lebendfalle zappelte, sagte ich, mehr so nebenbei: „Die kommt mir irgendwie bekannt vor. War das nicht die dritte Maus, die ganz kleine, die Nikolaus zu seinen Zwergkaninchen ins Gehege geben wollte, damit sie nicht so allein sind?“ Astrid reagierte unerwartet heftig: „Das ist es! Die Mäuse kommen wieder, weil ich sie nicht weit genug weggetragen habe.“

Klemens schlug ein kleines Experiment vor: Mäuslein Nummer 14 und 15 mit ein wenig grüner und oranger Sprayfarbe zu markieren. Niemand in der Familie konnte stichhaltige Einwände dagegen vorbringen. Also kaufte ich einen Haarspray, tat ein bisschen davon auf das graue Fell.

Und tatsächlich! Sie kamen wieder! Bald nämlich saßen sie in der Lebendfalle in unserer Küche, die beiden Punk-Mäuschen. Unsere Kinder jubelten über ihre Heimkehr, und Anna gab ihnen die Namen Speedy und Gonzales.

Sie wollte für sie einen Käfig bauen. Ich hielt nicht soviel davon, sondern setzte mich mit den beiden ins Auto, fuhr einige Kilometer bis zu einem Waldstück. Dort ließ ich sie frei.

Seitdem sahen wir Speedy und Gonzales nie wieder. Was freilich nicht bedeutete, dass unter Eiskasten und Geschirrspüler Ruhe eingekehrt wäre. Als gerade Mäuslein Nummer 17 in der Lebendfalle saß, war mein Schwiegervater zu Besuch. Ein Mann,

der noch Kriegs- und Nachkriegsjahre gut in Erinnerung hat. Einer, der etwas von Mäusen versteht.
Nicht, dass er keine Tiere mag. Aber für unsere Lebendfalle zeigte er wenig Verständnis. Mit der Parole „Wir müssen das Mäusenest finden“ stemmte er sich gegen die Küchengeräte. Rückte alle von der Wand weg. Suchte.
Nirgendwo ein Nest, dafür ein kreisrundes Loch in der Ecke hinter dem Eiskasten. Flugs war es zugegipst und mit dem lustigen Trippeln und Trappeln vorbei.
Von Zeit zu Zeit lege ich abends ein Stückchen Käse in die Falle, nur so zum Spaß. Und sehe in der Früh nach, ob es nicht doch noch raschelt. Aber es bleibt alles still, worüber ich ehrlich gesagt froh bin.
Nur Anna vermisst die putzigen Knopfaugen. Hin und wieder würde es ihr nichts ausmachen, mit einem kleinen Mauserl zu meinem Waldstück zu fahren. In der Hoffnung, dort Speedy und Gonzales zu treffen. Die würde sie total gerne wiedersehen.

Froher Vater oder trauriger Xoloitzcuintle

Auch der zweite Versuch, zu Josephine einen Napoleon in den Käfig zu setzen, zwecks Vermehrung, ist kläglich gescheitert. Wieder hocken zwei gleichgeschlechtliche Hasen apathisch da, ohne das geringste Interesse aneinander. Seit Nikolaus, ihr Besitzer, eine hübsche Freundin hat, scheint seine Begeisterung für Langohren stark nachzulassen. Offensichtlich glaubt er, dass Hasen Tiere sind, die keinen oder einen nur sehr unregelmäßigen Stuhlgang haben. Leider irrt er.
Von den putzigen Mäuschen, die es sich viele Wochen in unse-

rer Küche gut gehen ließen, fehlt zur Zeit jede Spur. Vor kurzem hockte noch eines vor dem Eiskasten. Ich wusste nicht, ob es schlief oder nur satt war oder schon tot. Also stülpte ich einen großen Karton über das kleine Tier, legte einen Zettel darauf mit der Aufschrift „Achtung, Maus" und überließ meiner Frau die

weitere Vorgangsweise. (Astrid konnte nur noch das Ableben diagnostizieren und das Tierlein entsorgen.)
Nun meint Anna, da keine Mäuse mehr in unserem Haushalt sind, sei die Position eines neuen Haustieres zu vergeben.
„Warum nicht einen Affen?“ Benedikt, der bislang zu keinem Tier eine tiefer gehende Beziehung einzugehen im Stande gewesen war, brachte diesen überraschenden Vorschlag. „Sie sind lustig und können wertvolle geistige Impulse geben.“ Jakob, dem es mit Tieren so geht wie mir, warf ein: „Im Fernsehen haben sie einmal gesagt, dass Affen bissig sein können.“ Also keinen Affen. „Findet ihr nicht“, versuchte ich einen Überraschungscoup zu landen, „dass die Zeit allmählich reif ist für einen Wellensittich?“ Ich musste an meinen Onkel Erich denken, einen gefürchteten Lateinprofessor, bei dem ich als Kind oft zu Besuch war und der einen im Käfig auf seinem Schreibtisch hatte und etliche Jahre vergeblich versuchte, ihm ein paar Schimpfwörter beizubringen. Irgendwann resignierte er, weil er offenbar einen besonders verstockten Vogel erworben hatte.
Anna meldete sich als Letzte zu Wort: „Ich hätte gerne einen Hund.“ Ich sagte: „Auf keinen Fall.“ Schließlich komme ein Hund allein schon wegen Dominiks Tierhaarallergie nicht in Frage. Aber meine Tochter ist ein zäher Widerpart. „Es gibt Hunde, die haben kein Fell. Xoloitzcuintles heißen die oder so ähnlich. Die können sogar, wenn sie traurig sind, weinen. Ich hab's gelesen“, rief sie triumphierend.
Ich wurde blass. Xoloitzcuintles, sind das nicht diese mexikanischen Nackthunde, die eine Haut wie ein Schwein haben, den Körper eines Dobermanns, die Ohren einer Fledermaus und blaue Augen wie eine Siamkatze? In unserer Nachbarschaft lebt einer. Wenn ich ihn von weitem sehe, bekomme ich eine

Gänsehaut, beginne stark zu schwitzen und gleichzeitig zu frieren. Ich finde, aber das ist jetzt extrem subjektiv, dass es keinen hässlicheren Hund gibt. Und keinen, vor dem ich mich mehr fürchte.

Deshalb stellte ich meinen Kindern die Vertrauensfrage: Wollt ihr lieber einen traurigen Xoloitzcuintle oder einen frohen Vater? Nach hitziger Debatte gab es eine hauchdünne Mehrheit. Für mich. Danke!

Ein frommer Zauber hält mich nieder

„Der Nikolaus heisst Egon!“

Mein alter Freund Egon ist ein sozialer Mensch. Vor allem in den Tagen vor Weihnachten tut er gern Gutes. Ruft Leute an, mit denen er schon lange nicht mehr geredet hat. Oder verkleidet sich als Nikolaus und besucht Kinder und Kranke.
Es war vor fünf Jahren, da war er einmal in einer Volksschule, zweite oder dritte Klasse, und begann, weit ausholend, seine Geschichte: „Ich bin froh, dass der Nikolo bei euch so hoch in Ehren steht. In manchen Städten treten ja nur noch Kopien von mir auf: Weihnachtsmänner, die wie Gartenzwerge aussehen, mit Zipfelmütze statt Mitra …“ Da kam aus der letzten Bank der kecke Ruf: „Also, ich find den Weihnachtsmann geil!“ Gelächter flatterte auf, dessen zögerliches Ende nur der strenge Blick der Lehrerin herbeizuführen vermochte. Egon wollte sich (richtiger Weise) auf keine Grundsatzdiskussion einlassen und fuhr fort – mit lauter werdender Stimme: „Geschäftstüchtige Menschen haben aus dem Heiligen eine Märchen- und Witzfigur gemacht, die sie für ihre Zwecke werbewirksam einsetzen.“ Zwei Knaben direkt vor ihm begannen sich mit Papierkügelchen zu bewerfen, ein Mädchen aß ungeniert seine Jause. „Dabei war der Nikolo alles andere als eine Märchengestalt. Er hat unter den Verfolgungen des Kaisers Diokletian gelitten und war ein eifriger Verteidiger des noch jungen Glaubens. Er trat auf dem Konzil von Nikäa …“ – „Was, bitte, ist ein Konzil?“ – „… den Irrlehren mutig entgegen. Seine Hilfsmaßnahmen für bedürftige und gefährdete Menschen ergriff er geplant und wohl überlegt.“
So genau – das war deutlich zu spüren – wollten die lieben Kleinen die Geschichte vom Nikolaus nicht hören: Sesselrücken, mühsam unterdrücktes Lachen, Tuscheln. Spätestens jetzt

hätte Egon ehebaldigst zum Schluss kommen müssen. Doch er erzählte noch von den Nöten der jungen Christen zur Zeit des Heiligen aus Myra – freilich nur für die vorderen Bankreihen. Denn der Lärmpegel war bereits so angestiegen, dass die hinten Sitzenden nicht mehr der Ansprache folgen konnten.
Endlich das Ende, begleitet von hörbarem Aufatmen. Trotzdem

wollte sich der hohe Besuch noch von jedem Kind persönlich verabschieden. Er ging also von Bank zu Bank. „Ich bin der Nikolaus. Und wie heißt du?“ Beinahe war er schon durch, da trat er vor ein kleines Mädchen, das keine Antwort gab. „Willst du mir nicht sagen, wie du heißt?“ Das Mädchen blieb stumm. „Schau, ich heiße Egon ...“ Da platzte das Mädchen heraus: „Der Nikolaus heißt Egon!“
Kaum war der verräterische Name gefallen, scholl es jubelnd von allen Seiten: „Der Nikolaus heißt Egon, der Nikolaus heißt Egon!“ Auch die Lehrkraft ließ sich von der ausgelassenen Stimmung anstecken und lachte.
Egon stand da wie die Majestät in Andersens Märchen „Des Kaisers neue Kleider“. Nur kurz – dann verließ er fluchtartig das Klassenzimmer, unter dem anschwellenden Chor der Kinder: „Der Nikolaus heißt Egon!“
Mein Freund trat in den folgenden Jahren noch oft als heiliger Nikolaus auf. Aber einen solchen Erfolg wie damals errang er nie wieder.

Nie wieder „O Tannenbaum“

Über die Jahre sind immer mehr Englein in unser Haus gekommen, als hübsche Werkstücke in Kindergarten, Schule und Pfarre gefertigt. Ihre genaue Zahl kann ich nicht angeben – jedenfalls sind es so viele, dass längst nicht alle im Wohnzimmer Platz finden. Also baumeln, zusammen mit lustig klingenden Glöckchen, einige von der Decke im Stiegenhaus herab.
Astrid wählt immer die robustesten aus, die nahezu unzerstörbaren. Denn in der Früh, wenn unsere großen Knaben, vom

Schlaf noch völlig benommen, vom Parterre über die Treppen in den ersten Stock taumeln, werden die Englein mit wuchtigen Kopfstößen aus der Ideallinie bugsiert. Auch die lieblich klingenden Glöckchen geraten, derart unsanft angestoßen, in ein wildes Gebimmel.

Die Sammlung unserer Weihnachtsbücher wird ebenfalls immer

umfangreicher. Ein Buch allerdings fehlt seit vielen Jahren. Jenes mit den bekanntesten Weihnachtsliedern. Ich habe es im Keller gut versteckt. Warum?
Es war vor langer Zeit, da sang ich eines Abends im Advent meinem ältesten Sohn, ich glaube, er war damals knapp eineinhalb Jahre alt, den Evergreen „O Tannenbaum“ vor. Das hätte ich nicht tun sollen. Jeden Abend nämlich, wenn er endlich im Bett lag, hielt er das Buch in seinen kleinen Händen, zeigte auf den Tannenbaum und rief mit seiner glockenhellen Stimme: „Bitte singen!“
Bald konnte ich alle Strophen auswendig. Als Dominik einmal – wie mir schien – ziemlich müde in unserem Bett lag, wollte ich ihn überrumpeln und stimmte „Leise rieselt der Schnee“ an. Doch sein diktatorisches „Sing Baum!“ beendete rasch meinen halbherzigen Versuch.
Irgendwie hatte ich mich daran gewöhnt. Unangenehm war mir nur, ehrlich gesagt, als ich mit ihm wenige Tage vor dem Heiligen Abend Christbäume schauen ging. Vor jedem blieb er stehen, sagte knapp: „Sing Baum!“, und wenn ich nicht wollte, weil andere Menschen in der Nähe waren, brüllte er: „Sing Baum! Sing Baum!“
Also beugte ich mich zu ihm hinunter und intonierte mit gedämpfter Stimme: „O Tannenbaum, wie grün sind deine Blätter.“
An diesem Tag besang ich gewiss ein gutes Dutzend Tannenbäume – unter immer stärker werdender Anteilnahme mir gänzlich unbekannter Passanten, die meinen Darbietungen mit einem gewissen Befremden, aber nicht ohne Interesse begegneten.
Mit dem Abräumen des Christbaumes verschwand auch das Buch mit den Weihnachtsliedern. Der Frühling kam, und die

Wiesen wurden wieder grün. Da spazierte ich mit Dominik in den Park.
Plötzlich blieb er vor einem besonders prächtigen Nadelbaum stehen und sagte: „Sing Baum!“ Vorsichtig spähte ich um mich: kein Mensch weit und breit. Mein Sohn brüllte mit gewohnter Lautstärke, ich blieb stumm.
Vielleicht war es kindisch von mir: Ich wollte einfach nicht „O Tannenbaum“ singen, in meinem karierten Kurzarmhemd knapp vor dem Osterfest.
Im Vertrauen gesagt: Ich will dieses Lied nie wieder singen. Nie wieder.

„Papa, bist du das Christkind?“

Neulich kam Jakob, unser kleinster Sohn, ganz aufgeregt von der Schule heim: „Stellt euch vor, ein paar von meinen Freunden haben gesagt, dass es gar kein Christkind gibt und dass ihre Eltern das Christkind sind.“ Nachdem er einen Moment lang aus dem Augenwinkel meine Frau und mich beobachtet hatte, fuhr er kämpferisch fort: „Aber ich hab ihnen gesagt, bei uns ist das auf keinen Fall so, weil wir uns das gar nicht leisten könnten.“
Da ich in Anwesenheit unserer Jüngsten zu der Frage nicht unmittelbar Stellung beziehen wollte, ging ich nicht weiter auf das Thema ein. Dennoch war von diesem kurzen Gespräch an klar, dass für Jakob die uns nur allzu bekannte Zeit des bangen Zweifelns begonnen hatte.
Astrid ihrerseits ermahnte unsere Kinder, es sei nun hoch an der Zeit, ihre Christkindbriefe zu schreiben. „Im Vorjahr habe ich meinen auch erst in der Nacht auf den 24. Dezember ins Fenster

IN'S
WOHN ZIMMER?
W.T.

gelegt", meinte Anna. „Das glaub ich nicht. Eine Wunschliste, die nur wenige Stunden vor der Bescherung geschrieben wird, ist doch sinnlos, denn..." Da fiel Jakob, der unbemerkt in einer Ecke gelesen hatte, seiner Mutter ins Wort: „Für das Christkind ist es ja kein Problem, die ganzen Sachen in einer Nacht zu besorgen ..."

Beim Einschlafen lag Jakob zwischen uns im Bett und kuschelte sich an meine Frau: „Mama, gell, es gibt das Christkind schon in Wirklichkeit. Die Buben in meiner Fußballmannschaft haben nämlich auch behauptet, dass die Eltern alles machen?" War ich froh, dass ich mich hinter meinem Buch verschanzen konnte und Astrid die knifflige Situation bewältigen musste.

Nach einer kurzen Schrecksekunde erklärte sie unserem Zweitjüngsten die wirklichen Zusammenhänge. Wie alle Christen auf der Welt ihre Freude über die Geburt des Erlösers ausdrücken wollen, indem sie selbst anderen Freude bereiten, besonders den Kindern. Dass alle Menschen am Tag des Weihnachtsfestes daran denken sollten, dass Jesus den Frieden in die Welt gebracht hat, damit sie ihn bewahren: unter den Geschwistern, in den Schulklassen, zwischen den Völkern. Dass aus dem Christuskind bei uns eben das Christkind geworden sei. Sie erzählte Jakob, wie viel Freude es bereitet, hellhörig zu sein für die Wünsche der Kinder – auch für die kleinen, die gar nicht auf den Wunschzetteln stehen.

Der kleine Bub war ganz still geworden. Ich hörte ihn kaum atmen, aber seine Augen waren voller Tränen. Mit Wehmut dachte ich daran, dass nun auch er über ein Stück seiner Kindheit hinausgewachsen war. Über einen Lebensabschnitt, der endgültig beendet war und den auch das Christkind niemals wieder bringen würde.

Plötzlich hörte ich Jakobs Stimme, fest und triumphierend: „Das mit den Geschenken hab ich jetzt schon verstanden. Aber wenigstens den großen Christbaum bringt doch das Christkind selbst, weil den könnte der Papa mit seiner kaputten Bandscheibe niemals bis ins Kinderzimmer schleppen."

Ein frommer Zauber hält mich nieder …

„Papa, weißt du, was mein größter Weihnachtswunsch ist? Dass es am Heiligen Abend, wenn wir in die Mette gehen, ganz stark schneit", sagte Anna am ersten Adventsonntag. Wie jeden Tag war sie in der Früh nach dem Aufstehen zum Fenster gelaufen, um zu schauen, ob der Garten endlich weiß ist. Aber wieder lag statt der ersehnten Schneedecke nur Raureif auf der Wiese.
An viele Ereignisse meiner Kindheit habe ich (leider) nur eine schwache Erinnerung. Die Tage vor Weihnachten freilich stehen jedes Jahr wieder ganz klar vor mir. Ich erinnere mich, wie ich, wenn abends ganz leise die ersten Schneeflocken fielen, zur Balkontür lief mit dem Jubelruf: „Es schneit! Es schneit!" Und wie ich zusammen mit meinen Geschwistern lange hinausstarrte, so lange, bis das Balkongeländer dicke, weiße Hauben bekam. Wie aus den großen, nassen Batzen plötzlich feine Kristalle purzelten und die weite Wiese auf einmal so still und friedlich dalag.
Ich erinnere mich, wie ich am 23. Dezember meine Nase in den Türspalt gepresst und den Duft von frischem Tannenreisig eingeatmet habe. Nie wieder war ich später von einem Geruch so betört wie damals, als ich klein war.
Ich erinnere mich an das erste Weihnachtsfest, an dem ich nicht mehr an das Christkind geglaubt habe, wie das schönste Ge-

heimnis auf einen goldenen Schlitten gepackt von zu Hause weggefahren und niemals wieder gekommen ist. Etwas war aus meinem Leben verschwunden. Es war, als hätte sich für immer das Tor zu jener verzauberten Welt geschlossen, hinter der es Wunder gab.

„Ein frommer Zauber hält mich nieder, anbetend staunend muss ich stehn, es sinkt auf meine Augenlider ein gold'ner Kinder-

traum hernieder, ich fühl's, ein Wunder ist geschehn", dichtete Theodor Storm vor mehr als 100 Jahren – keiner könnte heute so schreiben, weil immer weniger Menschen solche Empfindungen haben.

Immer mehr zählen sich zu den „Weihnachts-Aussteigern" – und sind sehr stolz darauf. „Ich will den ganzen Rummel nicht mehr mitmachen", sagte neulich ein Bekannter zu mir. „Ich brauche keine Feiern, keine Karten, keine Glocken, keine Geschenke." Bethlehem ist für ihn nur eine Station auf dem Weg zur Sonne. In diesem Falle nach Eilat, dort kann man rund ums Jahr baden.

Er wähnt sich frei, weil er „all dem Kitsch und der Verlogenheit" entfliehen zu können glaubt.

Wahrscheinlich ist es so, dass jeder sein Weihnachten selbst finden muss – das richtige, das nie zu Ende sein kann. Weil Freude und Liebe immer neu geboren werden, solange es noch Kinder gibt.

Während ich diese Zeilen schreibe, ist Mitternacht lange vorbei. Ich blicke zum Fenster hinaus in der Hoffnung, dass es zu schneien beginnt: Der Himmel ist sternklar. Aber wer weiß, ein paar Tage sind ja noch bis zum Heiligen Abend. Vielleicht geht der Wunsch meiner kleinen Tochter heuer in Erfüllung. Ein wenig wird man ja wohl noch an Wunder glauben dürfen. Wenigstens einmal im Jahr.

Das Glück kann so zerbrechlich sein

In den Weihnachtsferien waren wir wieder auf der Tauplitzalm auf einer Selbstversorgerhütte. Sie liegt als letzte in einem Talschluss an einem Hang. Auf der einen Seite steigt steil der Berg an, von der anderen hat man einen wundervollen Blick über das Plateau auf das gewaltige Bergmassiv. Es ist ein Stück Paradies. Bis zum nächsten Haus sind es ein paar hundert Meter, bis zum ersten Schlepplift länger. Man muss also mehr als eine Viertelstunde stapfen, oft durch unverspurten Schnee, der über Nacht gefallen ist.

In dieser Hütte gibt es keinen Fernseher, keinen Computer, kein Radio, keine Zeitungen – herrlich! Wir sitzen alle um einen langen Tisch, auch Dominik, der nach vielen Schwierigkeiten doch noch rechtzeitig aus Amerika gekommen ist. Wenigstens für zwei Wochen sind wir wieder vollzählig ... Spielen, lachen, warten unbeschwert und gelöst auf die erste Stunde des neuen Jahres. Das ist Glück, denke ich: die kleine Welt unserer Familie als Mikrokosmos, als ein vor den Ungerechtigkeiten und Grausamkeiten der Welt draußen einigermaßen geschützter Raum, in dem jede Menge pralles Leben stattfindet. So soll es immer bleiben!

Da geht plötzlich die Tür auf und Egon, mein alter Freund, der mit uns Silvester feiert, schneit herein, knallt eine Zeitung auf den Tisch mit der Frage: „Was sagt ihr denn zur Jahrhundertkatastrophe?!"

Wir wissen nichts davon, blättern die Zeitung durch mit den Bildern unvorstellbaren Leids, fassungslos. Auf einmal wird mir bewusst, wie brüchig unser kleines Glück ist.

Ich gehe vor die Hütte, um Holz zu holen. Jakob begleitet mich hinaus und hilft mir dabei. Er schaut in den Himmel und deutet nach oben: „Papa, gibt es dort oben eigentlich auch Menschen?" Ich blicke hinauf zu den Sternen, die schweigen. „Nein, Jakob, da oben gibt es kein Leben. Der Mond ist tot – das wissen wir von den Raumflügen." Jakob wiegt nachdenklich den Kopf:

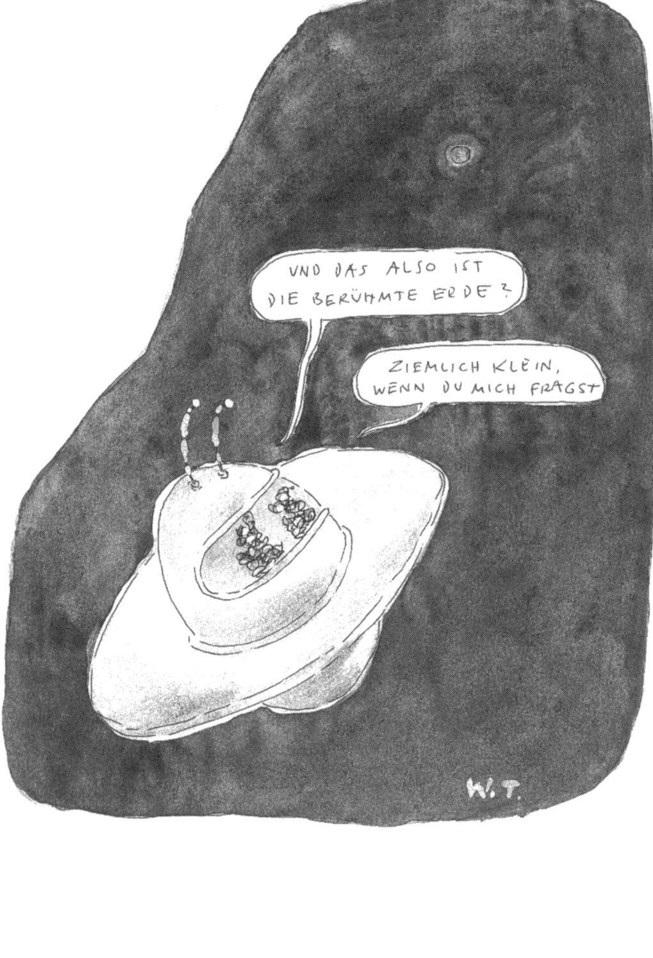

„Wir sollen die Einzigen sein, die leben dürfen – das glaub' ich nicht."
Ja, wir dürfen leben, will ich ihm antworten, den Himmel sehen, einen winzigen Augenblick wenigstens, allerdings um den Preis, auch in den Abgrund zu blicken. Aber ich sage nichts.
Wir schauen hinauf in die unendliche Weite des Universums. Hand in Hand stehen wir da, in dieser wunderbar klaren Winternacht, schweigend und staunend.
Da fällt mir jener Satz ein, in dem der Astronaut James Irwin, einer der ersten Männer auf dem Mond, zwölf Jahre später die Erkenntnisse seiner unglaublichen Reise zusammengefasst hat: „Der Flug lehrte mich, wie zerbrechlich die Welt im Grunde ist."
In der Hütte schweift mein Blick noch einmal über das Titelblatt der Zeitung hin zu meinen Kindern: Sie lachen ausgelassen, haben die schrecklichen Bilder schon vergessen.
Nie noch, glaube ich, habe ich deutlicher als in dieser Silvesternacht gespürt, dass nicht nur die Erde zerbrechlich ist, sondern vor allem unser eigenes Leben. Und dass wir, so gut es eben geht, darauf aufpassen müssen.

Der Familienplanet: rätselhaft und wunderbar

Was sich liebt, das neckt sich

Wer mehr als ein Kind in die Welt gesetzt hat, kennt das Phänomen: Tägliche Rangkämpe sind an der Tagesordnung. Unlängst hat mich Egon, mein alter Freund, wieder einmal gefragt: „Warum tust du dir das alles eigentlich an?“

Oft wird behauptet, das Menschenjunge lerne durch Imitation. Das mag für das Streichen eines Butterbrotes, das Binden einer Masche oder den Umgang mit Messer und Gabel zutreffen. Streiten hingegen lernen die lieben Kleinen auch ohne elterliches Vorbild.

Die Kreativität, die Geschwister im Inszenieren von originellen Bosheitsakten an den Tag legen, ist beachtlich: zerrissene Hausübungen, versteckte Fußballstutzen, zerstörte Legoburgen, weggegessene Schokolade. Lange schon habe ich es aufgegeben, mich als Schiedsrichter einzumengen, zumal sich die Entstehungsgeschichte eines Geschwisterstreits im Nachhinein praktisch nie rekonstruieren lässt. Der fröhliche Spruch „Was sich liebt, das neckt sich“ bewahrheitet sich auch und gerade unter Geschwistern. Aber dann gibt es wieder Stunden, wo das Vaterherz weit wird.

Da bringt Benedikt, unser Jusstudent, seinem 14jährigen Bruder Klemens, den er nach der familieninternen Hackordnung, die jeder Geflügelfarm Ehre machen würde, mehrmals täglich zur Weißglut reizt, ohne ersichtlichen Anlass ein (preisreduziertes) Dress seines Lieblingsvereins mit.

Da kauft sich Nikolaus die lang ersehnten italienischen Sommerschuhe um eine halbe Nummer zu groß, damit auch sein Bruder Benedikt sie fallweise tragen kann.

Da ruft Dominik zu (bei uns) nachtschlafener Zeit aus seinem

Studentenheim im tiefsten Südosten der USA an, um Benedikt zu seinem spielentscheidenden Tor in der Oberliga-Partie Gralla gegen SV Wildon zu gratulieren, von dem er sich im Internet via Spielbericht auf der Homepage des Gastgebervereins informiert hat.

Da malt Antonia ihrem kleinen Bruder Jakob die bunten Felder des Rechenzettels an, weil er diese Aufgabe nicht nur überflüssig, sondern „für genau gar nix" findet.

Da beschließt Benedikt, mit der kleinen Anna, die so besonders ungern auch noch am Nachmittag über Heften und Büchern sitzt, zumal wenn diese Zahlen enthalten, für die nahende Mathematikschularbeit zu üben. Und während ihre Kritikfähigkeit in der Kooperation mit ihrer Mutter begrenzt ist, lässt sie sich von Benedikts rauem Trainerton nicht einschüchtern: „Die Zeichnung ist bullshit, so findest du nie den exakten Inkreismittelpunkt. Mach sie gleich noch einmal." Zum kumpelhaften Wir-Gefühl trägt freilich auch bei, dass Benedikt mit deutlich weniger Souveränität, aber mit aus eigener Erfahrung geprägtem Mitgefühl an das jeweilige Problem heranzugehen pflegt: „Wo ist eigentlich das Lösungsheft? Ich habe diese depperte umgekehrte Proportionalität auch nie wirklich verstanden."
Da besteht Sophie im Geschäft darauf, dass ich auch Kochbananen einkaufe: „Die hat Donatien, als er noch in Kamerun war, immer so gern gegessen, hat er mir erzählt."
Siehst du, Egon, für solche Augenblicke tu ich mir das alles an.

„Freude schöner Götterfunken, Brahms ist hier"

Die originellsten Geschenke fallen immer meinem alten Freund Egon ein. So bekamen unsere Kinder zu Weihnachten eine CD von Dirk Stermann und Christoph Grissemann. Klemens und Jakob können längst alle Texte auswendig. Ganz besonders beliebt ist jene Nummer, in der Grissemann in einem Schweizer Hotel anruft, um Zimmer für Schubert, Haydn, Mahler und Tschaikowsky zu reservieren, und sich bei der ahnungslosen

und offensichtlich in der Musikgeschichte nicht ganz sattelfesten Rezeptionistin so meldet: „Freude schöner Götterfunken, Brahms ist hier." Unlängst hat Klemens unseren Telefonhörer mit diesen Worten abgehoben, was beim Anrufer, einem Apfelsaft-Erzeuger aus der Oststeiermark, für ein wenig Verwirrung gesorgt hat.
Telefonieren ist übrigens in unserer Familie ein ganz wichtiges Thema. Neun haben ein Handy, nur Jakob und Sophie noch keines. Als Letzte bekam Anna eines. Sie kann nun auch, wie

andere 11-Jährige, in der Pause ihr weinrotes Handy aus der Tasche ziehen, Klingeltöne vorführen und Snake spielen. Fotografieren kann sie leider nicht, worüber Anna ein bisschen traurig ist. Unter uns gesagt: Müssen 11-Jährige auf dem Schulhof wirklich fotografieren?

Ich erinnere mich noch gut, wie an der Schule, an der ich unterrichte, die ersten Handys aufkamen. Die hatten nicht wir Lehrer, sondern Schüler. Sie ließen sich in der Pause den Pizzaservice ins Klassenzimmer kommen mit einer backofenfrischen Quattro stagione. Ziemlich coole Aktion! Die Lehrer sahen es allerdings nicht so gerne, weil die Pause meist zu kurz war und die Schüler die Pizza in der Stunde aufessen wollten. Heutzutage kommt nur noch ganz selten der Pizzadienst, da praktisch jeder ein Handy hat.

Dennoch sind Handys weiterhin das „Präpubertierendenstatussymbol“ Nummer eins. Je kleiner sie sind, desto mehr gelten sie. Vor zwei Jahren bekam ich zu meinem 52. Geburtstag mein erstes Handy, zierlich und silbern. Leider war ich nicht im Stande, die Zahlen richtig einzutippen, weil ich sie ohne Brille nicht lesen konnte. Den Umtausch gegen ein größeres haben mir meine Söhne bis heute nicht wirklich verziehen.

Wenn in den alten Columbo-Krimis Handys auf den Schreibtisch gelegt werden, groß wie Basketballschuhe und schwer wie Schulrucksäcke, schütteln sie die Köpfe, fassungslos: „Mit so etwas konnte man telefonieren?“

Aber wer weiß: Vielleicht geht es mit den Handys so wie mit den Autos – die „Oldies“ stehen ja hoch im Kurs. Zu denken gibt mir in dieser Hinsicht auch, dass Egon, ein leidenschaftlicher Sammler, alle seine Handys aufbewahrt, auch die ganz alten, klobigen. Derzeit besitzt er 23 Produkte aus unterschiedlichen

Herkunftsländern. Er rechnet damit, dass in Korea bald Nostalgiehandys gebaut werden, bei denen zum Beispiel zur vollen Stunde ein Plastikkuckuck aus dem Display hüpft und „Hoch vom Dachstein an" im Originaltext singt.
In fünf Jahren, rechnet Egon, will er so eines meinen Kindern zu Weihnachten schenken. Spätestens.

Von umi und aufi, owi, aussi und eini

Anlässlich des Nationalfeiertages wollte ich von meinen Kindern wissen, was für sie typisch österreichisch ist. „Nix – wir sind ziemlich durchschnittlich." Irgendwie sind sie mit dieser Selbsteinschätzung zufrieden. Während sie nicht präzise die österreichische Lebensart definieren können, wissen sie genau, wie sie nicht sein wollen: so wie die Deutschen (ausgenommen im Fußball, „weil die immer so ein Glück haben …").
Natürlich gibt es Attribute, die das Ausland gerne mit Österreich, vor allem mit Wien, verbindet. Zum Beispiel sein Schmäh. Allein wie viele Arten von Schmähs existieren, zeigt unser Gespür für sprachliche Nuancierungen: a bleda, a guada, a g'sunda, a klassa, a leiwanda, a linka, a fada, a öda Schmäh. Ein Berliner etwa muss lange in Österreich leben, um beispielsweise folgende Feinheit zu durchschauen, deren Kenntnis ich Herbert Hufnagl verdanke: Geht ein Judenburger auf Reisen, fährt er nach Fohnsdorf (Norden) „umi", nach Unzmarkt (Westen) „aufi", nach Zeltweg (Osten) „owi", nach Weißkirchen (Osten) „außi" und nach Obdach (Süden) „eini".
Wer die österreichische Seele erforschen will, dem sei ein Besuch in einem der zahlreichen Gastronomiebetriebe angera-

ten. Unvergesslich der Abend, als wir – nach einer ausgiebigen Wanderung – auf der Heimfahrt bei einem kleinen Gasthaus anhielten. Es war 20 Uhr 45, da entwickelte sich zwischen einer Kellnerin (beleibt, in einer Illustrierten blätternd) und mir (hungrig, die Uhr über der Schank fixierend) folgender Dialog:
Ich (lauernd): „Gibt's noch was zu essen?" Kellnerin (aus halb geschlossenen Augen die Uhr über der Schank streifend): „Eigentlich net." Ich (hartnäckig): „Warum?!" Kellnerin (unmoti-

viert): „Wir koch'n nur bis 21 Uhr." Ich (optimistisch): „Aber es ist erst drei viertel neun." Kellnerin (belehrend): „Wann kane Gäst do san, sperrt die Kuchl früher zua." Ich (auf meine Familie zeigend): „Aber wir sind ja jetzt hier."

Kellnerin schweigt, offensichtlich um eine Antwort ringend.

Ich (listig): „Gehn'S einmal fragen?"

Kellnerin wortlos ab. Kehrt nach einiger Zeit zurück. Schweigt.

Ich (erwartungsfroh): „Und – gibt es was?" Kellnerin (betont teilnahmslos): „Kommt drauf an." Ich (wissbegierig): „Bitte schön, worauf denn?" Kellnerin (dozierend): „Wos Sie wolln…" Ich (die Karte studierend): „Na, vielleicht Wienerschnitzel für die Kinder, und für meine Frau und mich einen Schweinsbraten." Kellnerin (bestimmt): „Des geht net, des is vül zu aufwändig." Ich (standhaft): „Ja, was geht denn dann?" Kellnerin (wieder die Uhr über der Schank streifend): „Würstl mit Saft." Ich (neugierig): „Was ist das für ein Saft?"

Kellnerin schweigt. Dann, nach langer Pause: „Schwa zum Sog'n." Ich (wieder in der Speisekarte blätternd): „Also gut, bringen Sie uns elf Mal Würstel mit Saft und fünf Mal Mohr im Hemd." Kellnerin (irritiert): „Do muass i erst den Koch frog'n, ob a Nochspeis no drin is."

Kellnerin ab. Kehrt zurück. Schweigt.

Ich (hoffnungsvoll): „Und – was sagt er?" Kellnerin (lakonisch): „Is a scho Wurscht …"

Was, bitte schön, heisst „abchillen"?

Es war letzten Sonntag beim Mittagessen, da stellte ich Benedikt und Nikolaus die naive Frage, die Eltern seit Generationen bewegt: „Was macht ihr eigentlich bis drei Uhr in der Früh, wenn ihr weggeht?" Die erste Reaktion unserer Söhne: Sie lachten. Dann: „Einfach abchillen ..." Danach breites Grinsen. Darauf ich, immer noch gnadenlos naiv: „Was heißt bitte abchillen?"
Ich glaube, was die Jugendsprache betrifft, nicht ganz ahnungslos zu sein. So konnte ich z.B. der Unterhaltung, die zwei junge Mädchen an einer Bushaltestelle neulich führten, einigermaßen folgen.
Jacqueline: „Am Freitag woat i aufn Bus, steht da volle Lusa vor mir, mit ana depperten Geltackn, i wär' fost ausgflippt. (Am Freitag stand an der Bushaltestelle ein ausgeprägter Verlierertyp vor mir, mit einer unpassenden Frisur, mit sehr viel Gel im Haar. Ich hätte beinahe die Nerven verloren.) Baggert mi an, schleimt bei mir eini, mocht a komplett pralle Ansag, der durchgeknallte Grufti. (Spricht mich an, raspelt Süßholz, gibt eine gänzlich unpassende Stellungnahme ab – ein völlig verrückter Senior!) Der hot einfach net checkt, dass er den Abflug mochn sull. (Er hatte nicht begriffen, dass er sich entfernen soll.) Sog i zu eam (Ich sagte zu ihm): Moch die Möldung und vatschüss di. (Verabschiede und entferne dich.) Sogt er zu mia: Wüst fetzn? (Suchst du Streit?) Na, mea hob i net braucht. (Das war zu viel für mich.) Vuigas gregnet hots, von da Hock'n woa i brutal gschlaucht, und da labert mi der Vuikoffa so deppat an." (Es regnete in Strömen, die Arbeit hatte mir übermäßig viel abverlangt, und dann redet dieser verhaltensauffällige Mensch törichtes und langweiliges Zeug daher.)

Denise: „I bin a imma total am Sond von meiner neichn Hockn, de is a Vuischas." (Ich bin auch immer gänzlich erschöpft von meiner neuen Tätigkeit. Die ist eine heftige Blähung.) J.: „Auf amol is da Johnny auftaucht. (Plötzlich erschien Johannes.)" D.: „Da Johnny, i druck's net. (Johannes? Ich kann es nicht glauben!)" J.: „Sog i zu eam (Ich sagte zu ihm): Du, Johnny, der

Django tickt net richtig. Der schnollt net, dass er si schleichn sull. (Du, Johannes, der Westernheld hat pychische Probleme. Er begreift nicht, dass er sich zurückziehen soll.) Und da Johnny, ganz auf machomäßig, waßt eh, wie brutal edel sei Body im Hawai-T-Shirt kommt, nimmt den Hawi bei seina gschissenen Lederjackn und stöllt eam anfoch hinter der Trafik o. (Und Johannes, der ausgeprägt virile Kerl, du weißt ohnedies, wie gut sein durchtrainierter Körper in seinem Hawaihemd zur Geltung kommt, nimmt den Mann bei seiner unmöglichen Lederjacke und trägt ihn hinter die Trafik.)" D.: „Des is da totale Wahnsinn. Des is echt krass." (Wie aufregend! Das ist tatsächlich außergewöhnlich.)
Soweit die Unterhaltung der beiden jungen Damen. Nur: Was „abchillen" heißt, weiß ich nach wie vor nicht. Möglicher Weise Musik hören, tanzen, Bier trinken, ein bisschen schmusen. Sollen das Söhne ihrem Vater sagen? Nein, sollen sie nicht. Deshalb sagen sie „abchillen".

Mit Papa allein zu Hause

Es kommt nur ganz selten vor, dass meine Frau allein wegfahren muss – ohne mich und die Kinder. Bevor sie uns verlässt, hängt sie immer viele kleine Zettel aufs Telefonkastl: Blumen gießen nicht vergessen! – Am Freitag Biomülltonne auf die Straße stellen! – Perlgarn Nr. 7 sonnenblumengelb für Anna besorgen! – Klemens schuldet Karl Strohmayer 2 Euro! Jakob am Mittwoch zum Fußballturnier bringen (16 Uhr)! – Sophie: Kindergeburtstag bei Gudrun (rosa Kleid, Geschenk, Frisur!!)! – Rauchfangkehrer kommt am Donnerstag (Abgasmessung?)

Der erste Anruf erfolgt bereits aus Bruck: „Du musst Tony früher wecken. Sie hat Mathematikschularbeit."
Trotz der vielen Anweisungen bleibt uns dennoch immer ein genügend großer Spielraum, unseren Haushalt innerhalb kürzester Zeit in ein Chaos zu verwandeln.
Es geht mir also nicht wie meinem Freund Egon. Bevor seine Frau für eine Woche nach Finnland verreiste, schnürte sie

für jedes ihrer drei Kinder Pakete, in die sie Kleidungsstücke für den täglichen Bedarf packte. Versah sie mit Namen und Datum und legte sie auf dem Wohnzimmerteppich ab, der nahezu vollständig bedeckt war. Insgesamt waren es immerhin 21 Gebinde.

Eine andere Vorsichtsmaßnahme betraf die Frisur der beiden kleinen Mädchen. Da Egon – so der einhellige Tenor aller Familienmitglieder – nicht im Stande gewesen wäre, die langen Locken ordnungsgemäß zu lustigen Zöpfen oder Pferdeschwänzen zusammenzubinden, fielen sie der Schere des Friseurs zum Opfer. Ob die rigorose Vorgangsweise gerechtfertigt war, ließ sich im Nachhinein nicht einwandfrei feststellen. Tatsache ist, dass die praktischen Kurzhaarschnitte Egon morgens keine Probleme bereiteten.

Immer, wenn meine Frau für ein paar Tage nicht da ist, weht ein leiser Hauch von Anarchie (aber auch Freiheit) durchs Haus: Die Kinder essen, wo sie wollen. Machen ihre Schulaufgaben, wann sie wollen. Putzen ihre Zähne, wenn sie wollen. Ziehen sich an, wie sie wollen. Bedienen sich aus der Süßigkeitenlade, sooft sie wollen.

Ich selbst habe die Entwicklung nicht wirklich im Griff, sondern konzentriere mich auf die wesentlichen Dinge: Frühstück, Mittagessen, Abendessen.

Die letzten Stunden von Astrids Abwesenheit vergehen damit, fieberhaft die Spuren der gesetzlosen Zeit zu beseitigen: Popcorn in den Stockbetten, Stofftiere in der tagelang unbenützten Badewanne, Schienbeinschützer auf dem Nachtkastl.

Wir alle freuen uns immer sehr, wenn Mama wieder da ist. Ich will allerdings nicht verschweigen, dass ich mich stets ein bisschen fürchte vor ihrem unbestechlichem Blick, wenn sie

das Haus betritt: Die Blumen auf der Kredenz sind leider doch verdorrt und die Biomülltonne quillt über.
Auf ihrer kurzen Inspektionsrunde entdeckt sie zuletzt drei leere Yoghurtbecher unter der Sitzbank vor dem Fernseher und entsorgt sie schweigend. Das Leben nimmt wieder seinen gewohnten Lauf.

Kein Ronaldo im Fussballkeller

Neulich fragte mich ein Mannschaftskollege meines Sohnes von der U 15 des ESK: „Wann kommen wir einmal in einem Ihrer Bücher vor?"
Ehrlich gesagt, wollte ich nichts mehr über das Thema Fußballnachwuchs schreiben. Warum? Wie viele Väter habe auch ich einmal von einer internationalen Karriere meiner Söhne als Fußballprofi geträumt.
Es ist lange her, dass ich Dominik und Benedikt in die Kunst des Dribbelns und Schießens und Stoppens unterwiesen und alles Ronaldohafte an ihnen gefördert habe. Sobald sie einigermaßen aufrecht und ohne Hilfe gehen konnten, räumte ich das große Zimmer im Keller aus. Malte mit roter Kreide Tore an die weiße Wand und spielte jeden Tag mit ihnen mit einem kleinen, blauen Schaumgummiball.
Wie Ronaldo der letzte Straßenfußballer ist, so werden meine Buben die ersten Kellerfußballer sein, dachte ich. Ich malte mir aus, wie sie (oder wenigstens einer von beiden) auf die Frage eines italienischen oder spanischen oder englischen Reporters, wem sie ihre märchenhafte Karriere zu verdanken hätten, antworten würden: „Unserem Vater, der so unermüdlich mit uns

im Keller trainiert hat.“ Dann hätte ich Astrid, die neben mir im bequemen Fernsehfauteuil gesessen wäre, sanft und gerührt die Hand gedrückt und gemurmelt: „Sind sie nicht gut, unsere Buben ...“

Klemens ist nach Dominik, Donatien, Benedikt und Nikolaus der fünfte Kicker in unserer Familie. Er ist zwar ein wackerer und zweikampfstarker Verteidiger, aber ich als Vater bin leider

schon ein bisschen ausgebrannt. Zu viele Stunden habe ich ohnmächtig am Spielfeldrand zugebracht – bangend, zitternd, mitleidend.

Mitunter muss ich einen doch eher befremdlichen Eindruck auf Anhänger der gegnerischen Mannschaft gemacht haben. Als ich einmal bei einem meisterschaftsentscheidenden Match der U 9, ein Kleinkind am Arm, ein Baby im Kinderwagen vor mir herschiebend, die Seitenlinie entlangsprintete, um nur ja immer auf Ballhöhe zu sein, hörte ich einen Zuschauer zu einem anderen sagen: „Schau, der Deppate mit seine vün Kinda, der wos imma so vü schreit, is wieda do."

Damals führten wir Väter, allesamt natürlich heimliche Trainerexperten, ernsthafte Diskussionen: Sollen 10-Jährige bereits mit Viererkette und Verschieben spielen oder doch lieber mit Raumdeckung oder mit einem Libero?

Waren das Augenblicke des Triumphs, als wir einander glücklich in der Armen lagen, nachdem wir das Spiel gegen den Erzrivalen gewonnen hatten!

Dennoch: Die Aussicht, dass einer von meinen Großen bei Real Madrid, Juventus Turin oder Manchester United kicken wird, ist leider eher gering einzuschätzen.

Bleibt mir noch Jakob, mein jüngster Sohn. Auf den ersten Metern war keiner seiner Brüder so schnell wie er, und den richtigen Torriecher hat er auch schon. Und Torschützen werden immer gefragt sein …

Mein Sohn als Totomillionär

Neuerdings spielt Jakob Toto. Sein Interesse für dieses populäre Glücksspiel hat, glaube ich, begonnen, als Donatien, unser Adoptivsohn aus Kamerun, in einer Runde einen Zwölfer, zwei Elfer und vier Zehner getippt hatte. Wir alle waren ziemlich aufgeregt: Würde Doni über Nacht vom Asylanten zum Totomillionär werden?

Das Märchen wurde leider nicht wahr, weil es zu viele Gewinner gab und der Zehner nur einen Euro einbrachte. In Summe aber waren es doch mehr als 700 Euro.

Seit damals will auch Jakob das große Geld machen, schnell und ohne harte Arbeit. „Was würdest du dir denn mit dem Gewinn kaufen?" frage ich. „Einen ganz großen Sack Cola-Lutscher oder einen Ferrari". (An diesem Tag hatte Michael Schumacher wieder einmal gewonnen.)

Also ging er anderntags in die Trafik, die glücklicherweise über der Straße liegt, verlangte knapp mit fester Stimme: „Ich brauche bitte Totoscheine."

Die Verkäuferin, ein freundliches Mädchen mit roten Haaren, folgte ihm diese jedoch nicht aus. Mit der Begründung, Glücksspiele seien unter 18 Jahren verboten, leider.

Jakob wollte von gesetzlichen Bestimmungen nichts wissen, soll beim Verlassen des Geschäftslokals sinngemäß gemurmelt haben: „Dann schick ich eben meinen großen Bruder."

Er konnte es kaum erwarten, bis Doni heimkam, der schnell die Scheine holte. Nun saßen beide lange über Tabellen und Tippkolonnen, zwei Fußballexperten, ein kleiner und ein großer. Vor allem bei den Spielen der deutschen Bundesliga kam es immer wieder zu unterschiedlichen Einschätzungen.

Schließlich konnte man sich in allen Partien einigen, ausgenommen eine: GAK gegen Salzburg. Doni tippte 1, Jakob 2.

Die Stimmung während der TV-Übertragung war ziemlich emotionsgeladen. Jakob jubelte nach jedem Tor der Salzburger derart provokant, dass es beinahe zu Handgreiflichkeiten zwischen ihm und seiner Schwester Anna, einer glühenden GAK-Anhängerin, gekommen wäre.

Bei seinem ersten Einsatz hatte Jakob acht richtige Tipps. Er war nicht unzufrieden, will wieder 70 Cent seines Taschengeldes investieren. Derzeit studiert er die Schweizer Liga. Wer sind die Favoriten in den Begegnungen FC Basel gegen Xamax Neuchatel bzw. FC Wil gegen FC Thun?
Um sich in Zukunft besser auszukennen, wünscht er sich zu seinem Namenstag ein Abonnement der Fußballzeitschrift „Kicker".
Ich weiß nicht, ob Fachwissen für einen Totogewinn wirklich erforderlich ist. Meine Großmutter mütterlicherseits jedenfalls, die keine Ahnung von Fußball hatte und von Expertenmeinung nichts hielt, tippte Woche für Woche. Sie vertraute ganz allein ihrem Totowürfel und war auf ihre Art durchaus erfolgreich. Einmal gewann sie mit einem Zwölfer so viel Geld, dass sie sich ein Auto kaufen konnte. Keinen Ferrari, aber immerhin einen VW Käfer.

Meine Kinder leiden unter Telefonitis

Manche Lehrer haben Geheimnummern, weil sie nicht von verrückten Schülern erreicht werden möchten. Solche Jugendliche rufen spät nachts an und brüllen dann in den Hörer, dass die Schularbeit ungerecht beurteilt worden sei. Oder der Test. Und überhaupt. Mich hat vor vielen Jahren ein paar Mal ein stark alkoholisierter Maturant mitten in der Nacht aus dem Bett geholt, um mich mit verbalem Unflat zu überhäufen. Aus ihm, dem Schüler, ist übrigens ein erfolgreicher Rechtsanwalt geworden. Heute kann mich niemand mehr telefonisch aus dem Bett holen. Warum? Ich habe Kinder, die unter Telefonitis leiden.

Dieses Wort gibt es tatsächlich im Duden und es bedeutet so viel wie: Neigung, häufig zu telefonieren. Ich finde das ein bisschen verharmlosend. Bei uns läutet ständig das Telefon, aber es ist nie für mich.

Unsere Kinder sind, das schreibe ich nicht ohne einen gewissen Stolz, im Grunde recht folgsame Kinder. Sage ich ihnen zum Beispiel, sie mögen von ihren Handys sparsam Gebrauch

machen, halten sie sich daran – und telefonieren zu Hause nur am Festnetz.
Wenn ich Astrid am Haustelefon erreichen will, muss ich es zu einer Uhrzeit tun, wo meine Kinder noch nicht telefonieren: um 6 Uhr in der Früh. Ab dem Mittagessen bis weit in die Nacht hinein ist es dann reine Glückssache durchzukommen.
Hin und wieder versucht es auch meine Mutter – meistens ohne Erfolg. Vielleicht gibt sie auch zu schnell auf, weil sie viele Tage ihres Lebens telefonierend verbracht hat. Meine Eltern waren, es ist viele Jahre her, mit einem bekannten steirischen Dichter befreundet. Sobald er arbeitete, durfte seine Frau nur auf Zehenspitzen sein Zimmer betreten. Er verlangte absolute Ruhe.
Nun hatte Tante N. ein ungemein großes Mitteilungsbedürfnis, das in den Stunden des Schweigens reziprok anwuchs. Ab einem gewissen Zeitpunkt musste sie einfach zum Telefonhörer greifen. Immer wieder wählte sie unsere Nummer und redete. Vorwiegend redete sie mit meiner Mutter, die ihrerseits praktisch nicht zu Wort kam.
Diese Monologe dauerten oft mehr als eine Stunde und konnten nur beendet werden, indem mein Vater die Hausglocke betätigte und mit verstellter Stimme rief: „Da ist der Briefträger, es wär' was zum Unterschreiben."
Wenn meine Mutter schon längere Zeit auf dem Hocker kauerte, müde und ein wenig gezeichnet, reichten wir Kinder ihr kleine Erfrischungen und flüsterten ihr aufmunternde Worte zu: „57 Minuten hast du schon, du schaffst es!"
Im Laufe der Jahre wurde meine Mutter immer abgebrühter. Legte den Hörer neben das Telefonkastl (damals gab es noch kein Mobilphone), stellte in der Küche die Suppe zu, presste sich einen Orangensaft, nahm erst nach Minuten den Hörer in

die Hand, um wieder in den ungebremsten Wortschwall einzutauchen. Der lieben Dame war ihre zwischenzeitliche Absenz nicht aufgefallen.
Lange habe ich gerätselt, wie Tante N. es angestellt hat, das Telefon stets zu ihrer Verfügung zu haben. Dabei ist die Lösung so einfach: Sie hatte keine Kinder.

Kleine Mauerkatze ganz gross

Als wir das erste Mal als glückliche Eigentümer vor unserem Haus standen, sagte Astrid: „Es ist wirklich hübsch. Nur die Mauern sehen so kahl irgendwie kalt aus, findest du nicht? Das muss alles grün werden." Um ehrlich zu sein: Das fand ich nicht. Die Mauern waren frisch gefärbelt und strahlten im gleichen Gelb wie das Schloss Schönbrunn, satt und voll. Aber ich sagte nichts, konnte eigentlich gar keine Antwort geben, weil meine Frau nicht mehr neben mir stand, sondern im Auto saß.
Nach kurzer Zeit war sie wieder da. In der Hand ein Pflänzlein, dessen Stamm so dünn war wie ein Strohhalm. Sie grub ein Löchlein unmittelbar an der Hauswand, tat das Pflänzlein hinein, deckte es mit Blumenerde zu und freute sich. „Was ist das?", fragte ich ahnungslos. „Das ist eine Mauerkatze."
Inzwischen sind 20 Jahre vergangen und der strohhalmförmige Stamm hat mittlerweile die Ausmaße von Hinterbeinen eines ausgewachsenen Elefantenbullen. Das Mauerkätzchen sprengt die Dachrinnen aus ihrer Verankerung, umkrallt Gesimse und frisst sich unter Fensterbalken, die sich daraufhin nicht mehr verriegeln lassen. Und es wächst immer noch. Aber die Wände sind wirklich grün und Astrid glücklich.

Immer, wenn es Frühling wird und die Knospen treiben, wird meine Frau von einer rätselhaften Unruhe getrieben. Dann schleppt sie aus dem Keller Blumentöpfe ins Freie, blattlose Gerippe, die stumm und groß monatelang neben meiner Gymnastikmatte gestanden sind. Keinen Cent würde ich darauf wet-

ten, dass sie zu neuem Leben erwachen. Aber dann scheint die Sonne, und alles blüht und gedeiht in vorgedüngter, humusreicher Kübelpflanzenerde mit Lehmzusatz.

Das ist die Zeit, in der Astrid gemeinsam mit unserer ältesten Tochter Antonia in Blumenmärkten untertaucht, oft halbe Nachmittage. Die beiden stopfen den Kofferraum voll mit sauschweren Säcken mit Blumenerde und überraschen mich mit entzückenden Gebinden. (Diese sind ausschließlich zur Dekoration, nicht aber zum Verzehr bestimmt.)

„Also, dass du so durch den Garten gehen kannst und nichts bemerkst, ich versteh's nicht." Es ist immer das Gleiche. Trotzdem lässt sich Astrid von meiner Ignoranz nicht in ihrer Freude bremsen am Einsetzen und Zurechtschneiden und Umtopfen.

Neulich kam ich spätabends nach Hause, wollte noch schnell ein Bad nehmen. In der eingelassenen Wanne stand ein Tontopf, riesig und unbeweglich. Anderntags war er weg.

Ich hatte ihn längst vergessen, als ich morgens in die Schule radelte. Beim Heimkommen stand er wieder da, gleich neben der Haustür. Eine mannshohe Palme stach aus ihm hervor. Ich war sprachlos.

„Damit du einmal siehst, was wir gepflanzt haben", lächelte Astrid schelmisch. Mein Blick wanderte zum Wipfel. „Keine Angst, solche Palmen können jährlich maximal 25 cm wachsen."

In 20 Jahren sind das fünf Meter, überlegte ich. Plus die Anfangshöhe von 180 cm ergibt beinahe sieben Meter. Während ich diese Rechnung anstellte, stand ich da, pflanzenhaft regungslos, der Gewächse harrend, die da noch kommen würden.

Der Familienplanet: rätselhaft und wunderbar

Liebe Kinder! Wer ein Buch über seine Familie schreibt, muss über vieles nachdenken. Zum Beispiel darüber, ob es richtig ist, von den ganz persönlichen Dingen aus seiner kleinen Welt zu erzählen.

„Sagn'S amal, haben Ihre Kinder nichts dagegen?" Die Frage, die mir immer wieder gestellt wird, kann ich eindeutig beantworten: „Nein." Und wenn es einmal nicht mehr so ist, wird es keine Geschichten mehr über euch geben - das wisst ihr.

Was habe ich als Vater richtig, was habe ich falsch gemacht? Es sind genug Fehler, da bin ich mir sicher, aber Gott sei Dank seid ihr großzügig und habt mir verziehen.

Vater sein ist wahrscheinlich die schwierigste Aufgabe im Leben eines Mannes. Aber auch zugleich die schönste. Ehrlich! Warum das so ist, kann ich euch schlecht erklären. Eines ist gewiss: Wer Kinder in die Welt setzt, findet sich plötzlich auf einem eigenen Planeten wieder, wo alles anders ist. Neu, rätselhaft, wunderbar.

Als Vater macht man im Lauf der Jahre ungeahnte Entdeckungen: Warhammer-Krieger, Magic-Karten, Legosteine, Playmobil-Ritter, Harry Potter, Puppenwagen, Beachvolleybälle, Blockflöten, Handarbeitskoffer, Turnbeutel.

Schneller als ich gedacht hätte, gewinnt nicht mehr automatisch jene Mannschaft, in der ich mitspiele, unsere kleinen Matches im Garten. Und beim Laufen am Strand muss nicht mehr ich auf euch warten, sondern ihr bleibt taktvoll stehen, bis ich euch eingeholt habe. Und trotzdem gebt ihr mir immer das Gefühl, ich sei noch der Alte.

Natürlich gibt es auch Regeln auf unserem Planeten und Rituale.

Oft denke ich darüber nach, ob sie richtig sind. So viel steht fest: Es gibt viele Wege zu einem Ziel, das heißt: ein guter Vater zu sein. Der eine ist seinen Kindern eher Kumpel, der andere Autorität.

Ein paar Dinge sind mir als Vater wichtig: Ihr sollt wissen, was gut und was schlecht ist. Selbstbewusst, aber auch mitfühlend sollt ihr sein, zuversichtlich und optimistisch. Ihr sollt im Bewusstsein leben, dass ihr niemals allein seid, dass ihr euch (auch als Kinder

Gottes) geborgen fühlen könnt, auch wenn ihr einmal versagt. (Immer, wenn ich etwas Wichtiges sage, werde ich feierlich, ich kann nicht anders.)

Nicht immer funktioniert unser Leben so perfekt, wie es sich eure Mutter und ich in der Theorie vorgestellt haben. Aber alles in allem bewohnen wir, glaube ich, einen wunderbaren Planeten, auf dem wir alles haben: Lachen und Weinen, Mut und Angst, Liebe und Streit, Trauer und Freude, Gesundheit und Krankheit. Es ist nun einmal so: Leid und Unrecht lassen sich nicht ausblenden, die gehören zum Leben dazu. Und die vielen Unzulänglichkeiten und Pannen.

Gäbe es die nicht, hätte ich nicht dieses Buch über unseren Familienplaneten schreiben können. Also bleibt so, wie ihr seid, lieber Dominik, Donatien, Benedikt, Nikolaus, Klemens und Jakob, liebe Antonia, Anna und Sophie! Euer Papa